KU-656-612

Jean-Paul Sartre

Le diable et le bon Dieu

TROIS ACTES
ET ONZE TABLEAUX

Gallimard

Le diable et le bon Dieu *a été représenté pour la première fois sur la scène au Théâtre Antoine (Simone Berriau, directrice) le jeudi 7 juin 1951.*

Mise en scène de Louis Jouvet.

Décors de Félix Labisse.

Les principaux rôles ont été tenus par :

GŒTZ	*Pierre Brasseur*
HEINRICH	*Jean Vilar*
NASTY	*Henri Nassiet*
TETZEL	*Jean Toulout*
KARL	*R.-J. Chauffard*
HILDA	*Maria Casarès*
CATHERINE	*Marie-Olivier*

ACTE PREMIER

PREMIER TABLEAU

A gauche, entre ciel et terre, une salle du palais de l'Archevêque; à droite, la maison de l'Évêque et les remparts. (mose) muralla

Seule la salle du palais est éclairée pour l'instant. Le reste de la scène est plongé dans l'ombre.

SCÈNE UNIQUE

arzobispo

L'ARCHEVÊQUE, *à la fenêtre.*

Viendra-t-il? Seigneur, le pouce de mes sujets a usé mon effigie sur mes pièces d'or et votre pouce terrible a usé mon visage : je ne suis plus qu'une ombre d'archevêque. Que la fin de ce jour m'apporte la nouvelle de ma défaite, on verra au travers de ma personne tant mon usure sera grande : et que ferez-vous, Seigneur, d'un ministre transparent? *(Le Serviteur entre.)* C'est le colonel Linehart?

LE SERVITEUR

Non. C'est le banquier Foucre. Il demande...

L'ARCHEVÊQUE

Tout à l'heure. *(Un temps.)* Que fait Linehart? Il devrait être ici avec des nouvelles fraîches. *(Un temps.)* Parle-t-on de la bataille aux cuisines?

LE SERVITEUR

On ne parle que de cela, Monseigneur.

L'ARCHEVÊQUE

Qu'en dit-on?

LE SERVITEUR

Que l'affaire est admirablement engagée, que Conrad est coincé entre le fleuve et la montagne, que...

L'ARCHEVÊQUE

Je sais, je sais. Mais si l'on se bat, on peut être battu.

LE SERVITEUR

Monseigneur...

L'ARCHEVÊQUE

Va-t'en. *(Le Serviteur s'en va.)* Pourquoi l'avoir permis, mon Dieu? L'ennemi a envahi mes terres et ma bonne ville de Worms s'est révoltée contre moi. Pendant que je combattais Conrad, elle m'a donné un coup de poignard dans le dos. Je ne savais pas, Seigneur, que vous aviez sur moi de si grands desseins : faudra-t-il que j'aille mendier de porte en porte, aveugle et conduit par un enfant? Naturellement, je suis tout à votre disposition si vous tenez vraiment à ce que votre volonté soit faite. Mais considérez, je vous prie, que je n'ai plus vingt ans et que je n'ai jamais eu la vocation du martyre.

> *On entend au loin les cris de « Victoire! Victoire! » Les cris se rapprochent. L'Archevêque prête l'oreille et met la main sur son cœur.*

LE SERVITEUR, *entrant.*

Victoire! Victoire! Nous avons la victoire, Monseigneur. Voici le colonel Linehart.

LE COLONEL, *entrant.*

Victoire, Monseigneur. Victoire totale et réglementaire. Un modèle de bataille, une journée historique : l'ennemi perd six mille hommes égorgés ou noyés, le reste est en déroute.

L'ARCHEVÊQUE

Merci, mon Dieu. Et Conrad?

LE COLONEL

Il est parmi les morts.

L'ARCHEVÊQUE

Merci, mon Dieu. *(Un temps.)* S'il est mort, je lui pardonne. *(A Linehart.)* Toi, je te bénis. Va répandre la nouvelle.

LE COLONEL, *rectifiant la position.*

Peu après le lever du soleil, nous aperçûmes un nuage de poussière...

L'ARCHEVÊQUE, *l'interrompant.*

Non, non! Pas de détails! Surtout pas de détails. Une victoire racontée en détail, on ne sait plus ce qui la distingue d'une défaite. C'est bien une victoire, au moins?

LE COLONEL

Une merveille de victoire : l'élégance même.

L'ARCHEVÊQUE

Va. Je vais prier. *(Le Colonel sort. L'Archevêque se met à danser.)* J'ai gagné! j'ai gagné! *(La main au cœur.)* Aïe! *(Il se met à genoux sur son prie-Dieu.)* Prions.

Une partie de la scène s'éclaire sur la droite : ce sont des remparts, un chemin de ronde. Heinz et Schmidt sont penchés sur les créneaux.

HEINZ

Ce n'est pas possible... ce n'est pas possible; Dieu
ne l'a pas permis.

SCHMIDT

Attends, ils vont les recommencer. Regarde! Un
— deux — trois... Trois... et un — deux — trois
— quatre — cinq...

NASTY, *paraît sur les remparts.*

Eh bien! Qu'avez-vous?

SCHMIDT

Nasty! Il y a de très mauvaises nouvelles.

NASTY

Les nouvelles ne sont jamais mauvaises pour celui
que Dieu a élu.

HEINZ

Depuis plus d'une heure, nous regardons les signaux
de feu. De minute en minute, ils reviennent toujours
pareils. Tiens! Un — deux — trois et cinq! (*Il lui
désigne la montagne.*) L'Archevêque a gagné la
bataille.

NASTY

Je le sais.

SCHMIDT

La situation est désespérée : nous sommes coincés
dans Worms sans alliés ni vivres. Tu nous disais que
Gœtz se lasserait, qu'il finirait par lever le siège, que
Conrad écraserait l'Archevêque. Eh bien, tu vois,
c'est Conrad qui est mort et l'armée de l'Archevêque
va rejoindre celle de Gœtz sous nos murs et nous
n'aurons plus qu'à mourir.

GERLACH, *entre en courant.*

Conrad est battu. Le bourgmestre et les échevins
se sont réunis à l'Hôtel de Ville et délibèrent.

SCHMIDT

Parbleu! Ils cherchent le moyen de faire leur soumission.

NASTY

Avez-vous la foi, mes frères?

TOUS

Oui, Nasty, oui!

NASTY

Alors, ne craignez point. La défaite de Conrad, c'est un signe.

SCHMIDT

Un signe?

NASTY

Un signe que Dieu me fait. Va, Gerlach, cours jusqu'à l'Hôtel de Ville et tâche de savoir ce que le Conseil a décidé.

Les remparts disparaissent dans la nuit.

L'ARCHEVÊQUE, *se relevant.*

Holà! *(Le Serviteur entre.)* Faites entrer le banquier. *(Le Banquier entre.)* Assieds-toi, banquier. Tu es tout crotté : d'où viens-tu?

LE BANQUIER

J'ai voyagé trente-six heures pour vous empêcher de faire une folie.

L'ARCHEVÊQUE

Une folie?

LE BANQUIER

Vous allez égorger une poule qui vous pond chaque année un œuf d'or.

L'ARCHEVÊQUE

De quoi parles-tu?

LE BANQUIER

De votre ville de Worms : on m'apprend que vous
l'assiégez. Si vos troupes la saccagent, vous vous
ruinez et moi avec vous. Est-ce à votre âge qu'il
faut jouer les capitaines?

L'ARCHEVÊQUE

Ce n'est pas moi qui ai provoqué Conrad.

LE BANQUIER

Pas provoqué, peut-être. Mais qui me dit que vous
ne l'avez pas provoqué à vous provoquer?

L'ARCHEVÊQUE

C'était mon vassal et il me devait obéissance. Mais
le Diable lui a soufflé d'inciter les chevaliers à la
révolte et de se mettre à leur tête.

LE BANQUIER

Que ne lui avez-vous donné ce qu'il voulait avant
qu'il ne se fâchât?

L'ARCHEVÊQUE

Il voulait tout.

LE BANQUIER

Eh bien, passe pour Conrad. C'est sûrement l'agres-
seur puisqu'il est battu. Mais votre ville de Worms...

L'ARCHEVÊQUE

Worms mon joyau, Worms mes amours, Worms
l'ingrate s'est révoltée contre moi le jour même que
Conrad a passé la frontière.

LE BANQUIER

C'est un grand tort. Mais les trois quarts de vos
revenus viennent d'elle. Qui paiera vos impôts, qui

me remboursera mes avances si vous assassinez vos
bourgeois comme un vieux Tibère?

L'ARCHEVÊQUE

Ils ont molesté les prêtres et les ont obligés à
s'enfermer dans les couvents, ils ont insulté mon
évêque et lui ont interdit de sortir de l'Évêché.

LE BANQUIER

Des enfantillages! Ils ne se seraient jamais battus si
vous ne les y aviez forcés. La violence, c'est bon pour
ceux qui n'ont rien à perdre.

L'ARCHEVÊQUE

Qu'est-ce que tu veux?

LE BANQUIER

Leur grâce. Qu'ils payent une bonne amende et
n'en parlons plus.

L'ARCHEVÊQUE

Hélas!

LE BANQUIER

Quoi, hélas?...

L'ARCHEVÊQUE

J'aime Worms, banquier; même sans amende, je
lui pardonnerais de grand cœur.

LE BANQUIER

Eh bien, alors?

L'ARCHEVÊQUE

Ce n'est pas moi qui l'assiège.

LE BANQUIER

Et qui donc?

L'ARCHEVÊQUE

Gœtz.

LE BANQUIER

Qui est ce Gœtz? Le frère de Conrad?

L'ARCHEVÊQUE

Oui. Le meilleur capitaine de toute l'Allemagne.

LE BANQUIER

Que fait-il sous les murs de votre ville? N'est-ce
pas votre ennemi?

L'ARCHEVÊQUE

A vrai dire, je ne sais pas trop ce qu'il est. D'abord
l'allié de Conrad et mon ennemi, ensuite mon allié
et l'ennemi de Conrad; et à présent... Il est d'humeur
changeante, c'est le moins qu'on puisse dire.

LE BANQUIER

Pourquoi prendre des alliés si suspects?

L'ARCHEVÊQUE

Avais-je le choix? Conrad et lui ont envahi mes
terres ensemble. Heureusement, j'ai appris que la
discorde s'était mise entre eux et j'ai promis à Gœtz
en secret les terres de son frère s'il se joignait à nous.
Si je ne l'avais détaché de Conrad, il y a beau temps
que j'aurais perdu la guerre.

LE BANQUIER

Donc, il est passé de votre côté avec ses troupes.
Après?

L'ARCHEVÊQUE

Je lui ai donné la garde de l'arrière-pays. Il a dû
s'ennuyer : je suppose qu'il n'aime pas la vie de
garnison : un beau jour il a conduit son armée sous
les remparts de Worms et il a commencé le siège
sans que je l'en prie.

LE BANQUIER

Ordonnez-lui... *(L'Archevêque sourit tristement et
hausse les épaules.)* Il ne vous obéit pas?

L'ARCHEVÊQUE

Où as-tu pris qu'un général en campagne obéissait à un chef d'État?

LE BANQUIER

En somme, vous êtes entre ses mains.

L'ARCHEVÊQUE

Oui.

Les remparts s'éclairent.

GERLACH, *entrant.*

Le Conseil a décidé d'envoyer des parlementaires à Gœtz.

HEINZ

Et voilà! *(Un temps.)* Les lâches!

GERLACH

Notre seule chance, c'est que Gœtz leur fasse des conditions inacceptables. S'il est tel qu'on le dit, il ne voudra pas même nous prendre à merci.

LE BANQUIER

Peut-être épargnera-t-il les biens.

L'ARCHEVÊQUE

Pas même les vies humaines; j'en ai peur.

SCHMIDT, *à Gerlach.*

Mais pourquoi? Pourquoi?

L'ARCHEVÊQUE

C'est un bâtard de la pire espèce : par la mère. Il ne se plaît qu'à faire le mal.

GERLACH

C'est une tête de cochon, un bâtard : il aime à faire le mal. S'il veut saccager Worms, il faudra que les bourgeois se battent le dos au mur.

SCHMIDT

S'il compte raser la ville, il n'aura pas la naïveté de le dire. Il demandera qu'on le laisse entrer en promettant de ne toucher à rien.

LE BANQUIER, *indigné.*

Worms me doit trente mille ducats : il faut arrêter ça tout à l'heure. Faites marcher vos troupes contre Gœtz.

L'ARCHEVÊQUE, *accablé.*

J'ai peur qu'il ne me les batte.

La salle de l'archevêché disparaît dans la nuit.

HEINZ, *à Nasty.*

Alors? Est-ce que nous sommes vraiment perdus?

NASTY

Dieu est avec nous, mes frères : nous ne pouvons pas perdre. Cette nuit, je sortirai de Worms et j'essaierai de traverser le camp pour gagner Waldorf; huit jours suffiront pour réunir dix mille paysans en armes.

SCHMIDT

Comment pourrons-nous tenir huit jours? Ils sont capables de lui ouvrir les portes dès ce soir.

NASTY

Il faut qu'ils ne puissent pas les ouvrir.

HEINZ

Tu veux t'emparer du pouvoir?

NASTY

Non. La situation est trop incertaine.

HEINZ

Alors?

NASTY

Il faut compromettre les bourgeois de façon qu'ils craignent pour leur tête.

TOUS

Comment?

NASTY

Par un massacre.

> *Sous les remparts, la scène s'éclaire. Une femme est assise, les yeux fixes, contre l'escalier qui mène au chemin de ronde. Elle a trente-cinq ans, elle est en haillons. Un curé passe, lisant son bréviaire.*

... Quel est ce curé? Pourquoi n'est-il pas enfermé avec les autres?

HEINZ

Tu ne le reconnais pas?

NASTY

Ah! C'est Heinrich. Comme il a changé. N'empêche, on aurait dû l'enfermer.

HEINZ

Les pauvres l'aiment parce qu'il vit comme eux : on a craint de les mécontenter.

NASTY

C'est lui le plus dangereux.

LA FEMME, *apercevant le curé.*

Curé! Curé! *(Le Curé s'enfuit. Elle crie.)* Où cours-tu si vite?

HEINRICH, *s'arrêtant.*

Je n'ai plus rien! Plus rien! Plus rien! J'ai tout donné.

LA FEMME

Ce n'est pas une raison pour t'enfuir quand on t'appelle.

HEINRICH, *revenant vers elle avec lassitude.*

Tu as faim?

LA FEMME

Non.

HEINRICH

Alors, que demandes-tu?

LA FEMME

Je veux que tu m'expliques.

HEINRICH, *vivement.*

Je ne peux rien expliquer.

LA FEMME

Tu ne sais même pas de quoi je parle.

HEINRICH

Eh bien, va. Va vite. Qu'est-ce qu'il faut expliquer?

LA FEMME

Pourquoi l'enfant est mort.

HEINRICH

Quel enfant?

LA FEMME, *riant un peu.*

Le mien. Voyons, curé, tu l'as enterré hier : il avait trois ans et il est mort de faim.

HEINRICH

Je suis fatigué, ma sœur, et je ne vous reconnais plus. Je vous vois à toutes le même visage avec les mêmes yeux.

LA FEMME

Pourquoi est-il mort?

HEINRICH

Je ne sais pas.

LA FEMME

Tu es curé, pourtant.

HEINRICH

Oui, je le suis.

LA FEMME

Alors, qui m'expliquera, si toi tu ne peux pas?
(Un temps.) Si je me laissais mourir à présent, ce
serait mal?

HEINRICH, *avec force.*

Oui. Très mal.

LA FEMME

C'est bien ce que je pensais. Et pourtant, j'en
ai grande envie. Tu vois bien qu'il faut que tu
m'expliques.

> *Un silence. Heinrich se passe la main sur le
> front et fait un violent effort.*

HEINRICH

Rien n'arrive sans la permission de Dieu et Dieu
est la bonté même; donc ce qui arrive est le meilleur.

LA FEMME

Je ne comprends pas.

HEINRICH

Dieu sait plus de choses que tu n'en sais : ce qui
te paraît un mal est un bien à ses yeux parce qu'il en
pèse toutes les conséquences.

LA FEMME

Tu peux comprendre ça, toi?

HEINRICH

Non! Non! Je ne comprends pas! Je ne comprends rien! Je ne peux ni ne veux comprendre! Il faut croire! Croire! Croire!

LA FEMME, *avec un petit rire.*

Tu dis qu'il faut croire et tu n'as pas du tout l'air de croire à ce que tu dis.

HEINRICH

Ce que je dis, ma sœur, je l'ai répété tant de fois depuis trois mois que je ne sais plus si je le dis par conviction ou par habitude. Mais ne t'y trompe pas : j'y crois. J'y crois de toutes mes forces et de tout mon cœur. Mon Dieu, vous m'êtes témoin que pas un instant le doute n'a effleuré mon cœur. *(Un temps.)* Femme, ton enfant est au ciel et tu l'y retrouveras.

Heinrich s'agenouille.

LA FEMME

Oui, curé, bien sûr. Mais le Ciel, c'est autre chose. Et puis, je suis si fatiguée que je ne trouverai plus jamais la force de me réjouir. Même là-haut.

HEINRICH

Ma sœur, pardonne-moi.

LA FEMME

Pourquoi te pardonnerais-je, bon curé? Tu ne m'as rien fait.

HEINRICH

Pardonne-moi. Pardonne en ma personne à tous les prêtres, à ceux qui sont riches comme à ceux qui sont pauvres.

LA FEMME, *amusée.*

Je te pardonne de grand cœur. Ça te fait plaisir?

HEINRICH

Oui. A présent, ma sœur, nous allons prier ensemble; prions Dieu qu'il nous rende l'espoir.

Pendant les dernières répliques, Nasty descend lentement les marches de l'escalier des remparts.

LA FEMME, *elle voit Nasty et s'interrompt joyeusement.*

Nasty! Nasty!

NASTY

Que me veux-tu?

LA FEMME

Boulanger, mon enfant est mort. Tu dois savoir pourquoi, toi qui sais tout.

NASTY

Oui, je le sais.

HEINRICH

Nasty, je t'en supplie, tais-toi. Malheur à ceux par qui le scandale arrive.

NASTY

Il est mort parce que les riches bourgeois de notre ville se sont révoltés contre l'Archevêque, leur très riche seigneur. Quand les riches se font la guerre, ce sont les pauvres qui meurent.

LA FEMME

Est-ce que Dieu leur avait permis de faire cette guerre?

NASTY

Dieu le leur avait bien défendu.

LA FEMME

Celui-ci dit que rien n'arrive sans sa permission.

NASTY

Rien, sauf le mal qui naît de la méchanceté des hommes.

HEINRICH

Boulanger, tu mens, tu mélanges le vrai et le faux de manière à tromper les âmes.

NASTY

Soutiendras-tu que Dieu permet ces deuils et ces souffrances inutiles? Moi, je dis qu'il est innocent de tout.

Heinrich se tait.

LA FEMME

Alors Dieu ne voulait pas que mon enfant meure?

NASTY

S'il l'avait voulu, l'aurait-il fait naître?

LA FEMME, *soulagée.*

J'aime mieux ça. *(Au Curé.)* Tu vois, comme ça, je comprends. Alors, il est triste, le bon Dieu, quand il voit que j'ai de la peine?

NASTY

Triste à mourir.

LA FEMME

Et il ne peut rien pour moi?

NASTY

Si, bien sûr. Il te rendra l'enfant.

LA FEMME, *déçue.*

Oui. Je sais! au ciel.

NASTY

Au ciel, non. Sur terre.

LA FEMME, *étonnée.*

Sur terre?

NASTY

Il faut d'abord passer par le chas d'une aiguille
et supporter sept années de malheur et puis le règne
de Dieu commencera sur la terre : nos morts nous
seront rendus, tout le monde aimera tout le monde
et personne n'aura faim!

LA FEMME

Pourquoi faut-il attendre sept ans?

NASTY

Parce qu'il faut sept années de lutte pour nous
débarrasser des méchants.

LA FEMME

Il y aura fort à faire.

NASTY

C'est pour cela que le Seigneur a besoin de ton
aide.

LA FEMME

Le Seigneur Tout-Puissant a besoin de mon aide
à moi?

NASTY

Oui, ma sœur. Pour sept ans encore, le Malin
règne sur terre; mais, si chacun de nous se bat
courageusement nous nous sauverons tous et Dieu
avec nous. Me crois-tu?

LA FEMME, *se levant.*

Oui, Nasty : je te crois.

NASTY

Ton fils n'est pas au ciel, femme, il est dans ton
ventre et tu le porteras pendant sept années et au
bout de ce temps, il marchera à ton côté, il mettra
sa main dans la tienne et tu l'auras enfanté pour la
deuxième fois.

LA FEMME

Je te crois, Nasty, je te crois.

Elle sort.

HEINRICH

Tu la perds.

NASTY

Si tu en es sûr, pourquoi ne m'as-tu pas inter-
rompu?

HEINRICH

Ah! Parce qu'elle avait l'air moins malheureux.
(Nasty hausse les épaules et sort.) Seigneur, je n'ai
pas eu le courage de le faire taire; j'ai péché. Mais
je crois, mon Dieu, je crois en votre toute-puissance,
je crois en votre Sainte Église, ma mère, corps sacré
de Jésus dont je suis un membre; je crois que tout
arrive par vos décrets, même la mort d'un enfant
et que tout est bon. Je le crois parce que c'est
absurde! Absurde! Absurde!

*Toute la scène s'est éclairée. Des bourgeois
avec leurs femmes sont groupés autour du palais
de l'Évêque et attendent.*

LA FOULE

— Y a-t-il des nouvelles?...
— Pas de nouvelles...
— Que fait-on ici?
— On attend...
— Qu'est-ce qu'on attend?
— Rien...

— Vous avez vu?...

— A droite.

— Oui.

— Les sales gueules.

— Quand l'eau remue, la vase remonte.

— On n'est plus chez soi dans les rues.

— Il faut la finir, cette guerre, il faut la finir vite. Sinon il y aura du vilain.

— Je voudrais voir l'Évêque, moi je voudrais voir l'Évêque.

— Il ne se montrera pas. Il est bien trop en colère...

— Qui?... Qui?...

— L'Évêque...

— Depuis qu'il est enfermé ici, on le voit quelque-fois à sa fenêtre, il soulève le rideau et il regarde.

— Il n'a pas l'air bon.

— Qu'est-ce que vous voulez qu'il vous dise, l'Évêque?

— Il a peut-être des nouvelles.

Murmures.

VOIX DANS LA FOULE

— Évêque! Évêque! Montre-toi!...

— Conseille-nous.

— Que va-t-il arriver?...

LA VOIX

C'est la fin du monde!

Un homme sort de la foule, bondit jusqu'à la façade de l'évêché et s'y adosse. Heinrich s'écarte de lui et rejoint la foule.

LE PROPHÈTE

Le monde est foutu! foutu!
Battons nos charognes.
Battez, battez, battez : Dieu est là.

Cris et commencement de panique.

UN BOURGEOIS

Là! Là! Du calme. Ce n'est qu'un prophète.

LA FOULE

Encore un? Ça suffit! Tais-toi. Il en sort de partout. C'était bien la peine d'enfermer nos curés.

LE PROPHÈTE

La terre a des odeurs.
Le soleil s'est plaint au bon Dieu!
Seigneur, je veux m'éteindre.
J'en ai plein le dos de cette pourriture.
Plus je la réchauffe, plus elle pue.
Elle salit le bout de mes rayons.
Malheur! dit le soleil. Ma belle chevelure d'or trempe dans la merde.

UN BOURGEOIS, *le frappant.*

Ta gueule!

> Le prophète tombe assis par terre. La fenêtre
> de l'évêché s'ouvre violemment. L'Évêque paraît
> à son balcon en grand appareil.

LA FOULE

L'Évêque!

L'ÉVÊQUE

Où sont les armées de Conrad? Où sont les chevaliers? Où est la légion des anges qui devait mettre l'ennemi en déroute? Vous êtes seuls, sans amis, sans espoir et maudits. Allons, bourgeois de Worms, répondez; si c'est plaire au Seigneur que d'enfermer ses ministres, pourquoi le Seigneur vous a-t-il abandonnés? *(Gémissements de la foule.)* Répondez!

HEINRICH

Ne leur ôtez pas leur courage.

L'ÉVÊQUE

Qui parle?

HEINRICH

Moi, Heinrich, curé de Saint-Gilhau.

L'ÉVÊQUE

Avale ta langue, prêtre apostat. Oses-tu bien regarder ton évêque en face?

HEINRICH

S'ils vous ont offensé, Monseigneur, pardonnez leur offense comme je vous pardonne ces insultes.

L'ÉVÊQUE

Judas! Judas Iscariote! Va te pendre!

HEINRICH

Je ne suis pas Judas.

L'ÉVÊQUE

Alors, que fais-tu au milieu d'eux? Pourquoi les soutiens-tu? Pourquoi n'es-tu pas enfermé avec nous?

HEINRICH

Ils m'ont laissé libre parce qu'ils savent que je les aime. Et si je n'ai pas rejoint de moi-même les autres prêtres, c'est pour qu'il y ait des messes dites et des sacrements donnés dans cette ville perdue. Sans moi, l'Église serait absente, Worms livrée sans défense à l'hérésie et les gens mourraient comme des chiens... Monseigneur, ne leur ôtez pas leur courage!

L'ÉVÊQUE

Qui t'a nourri? Qui t'a élevé? Qui t'a appris à lire? Qui t'a donné ta science? Qui t'a fait prêtre?

HEINRICH

C'est l'Église, ma Très Sainte Mère.

L'ÉVÊQUE

Tu lui dois tout. Tu es d'Église d'abord.

HEINRICH

Je suis d'Église d'abord, mais je suis leur frère.

L'ÉVÊQUE, *fortement.*

D'Église d'abord.

HEINRICH

Oui. D'Église d'abord, mais...

L'ÉVÊQUE

Je vais parler à ces hommes. S'ils s'obstinent dans leurs erreurs et s'ils veulent prolonger leur rébellion, je te commande de rejoindre les gens d'Église, tes véritables frères, et de t'enfermer avec eux au couvent des Minimes ou dans le Séminaire. Obéiras-tu à ton Évêque?

UN HOMME DU PEUPLE

Ne nous abandonne pas, Heinrich, tu es le curé des pauvres, tu nous appartiens.

HEINRICH, *avec accablement*
mais d'une voix ferme.

Je suis d'Église d'abord : Monseigneur, je vous obéirai.

L'ÉVÊQUE

Habitants de Worms, regardez-la bien, votre ville blanche et populeuse, regardez-la pour la dernière fois : elle va devenir le séjour infect de la famine et de la peste; et pour finir, les riches et les pauvres se massacreront entre eux. Quand les soldats de Gœtz y entreront, ils ne trouveront que des charognes et des décombres. *(Un temps.)* Je puis vous sauver, mais il faut savoir m'attendrir.

LES VOIX

Sauvez-nous, Monseigneur. Sauvez-nous!

L'ÉVÊQUE

A genoux, bourgeois orgueilleux et demandez pardon à Dieu! *(Les bourgeois s'agenouillent les uns après les autres. Les hommes du peuple restent debout.)* Heinrich! T'agenouilleras-tu? *(Heinrich s'agenouille.)* Seigneur Dieu, pardonne-nous nos offenses et calme la colère de l'Archevêque. Répétez.

LA FOULE

Seigneur Dieu, pardonnez-nous nos offenses et calmez la colère de l'Archevêque.

L'ÉVÊQUE

Amen. Relevez-vous. *(Un temps.)* Vous délivrerez d'abord les prêtres et les moines, puis vous ouvrirez les portes de la ville; vous vous agenouillerez sur le parvis de la cathédrale et vous attendrez dans le repentir. Nous, cependant, nous irons en procession supplier Gœtz de vous épargner.

UN BOURGEOIS

Et s'il ne voulait rien entendre?

L'ÉVÊQUE

Au-dessus de Gœtz, il y a l'Archevêque. C'est notre père à tous et sa justice sera paternelle.

Depuis un moment, Nasty est apparu sur le chemin de ronde. Il écoute en silence, puis sur la dernière réplique, il descend deux marches de l'escalier des remparts.

NASTY

Gœtz n'est pas à l'Archevêque. Gœtz est au Diable. Il a prêté serment à Conrad, son propre frère et cependant, il l'a trahi. S'il vous promet aujourd'hui la vie sauve, serez-vous assez sots pour croire à sa parole?

L'ÉVÊQUE

Toi, là-haut, qui que tu sois, je t'ordonne...

NASTY

Qui es-tu pour me commander? Et vous, qu'avez-vous besoin de l'écouter? Vous n'avez d'ordres à recevoir de personne, sauf des chefs que vous vous êtes choisis.

L'ÉVÊQUE

Et qui donc t'a choisi, barbouillé?

NASTY

Les pauvres. *(Aux autres.)* Les soldats sont avec nous; j'ai posté des hommes aux portes de la ville; si quelqu'un parle de les ouvrir, la mort.

L'ÉVÊQUE

Courage, malheureux, conduis-les à leur perte. Ils n'avaient qu'une chance de salut et tu viens de la leur ôter.

NASTY

S'il n'y avait plus d'espoir, je serais le premier à vous conseiller de vous rendre. Mais qui prétendra que Dieu nous abandonne? On a voulu vous faire douter des anges? Mes frères, les anges sont là! Non, ne levez pas les yeux, le ciel est vide. Les anges sont au travail sur terre; ils s'acharnent sur le camp ennemi.

UN BOURGEOIS

Quels anges?

NASTY

L'ange du choléra et celui de la peste, l'ange de la famine et celui de la discorde. Tenez bon : la ville est imprenable et Dieu nous aide. Ils lèveront le siège.

L'ÉVÊQUE

Habitants de Worms, pour ceux qui écoutent cet hérésiarque, c'est l'Enfer; j'en témoigne sur ma part de Paradis.

NASTY

Ta part de Paradis, il y a beau temps que Dieu
l'a donnée aux chiens.

L'ÉVÊQUE

Et la tienne, bien sûr, il te la garde au chaud en
attendant que tu viennes la prendre! Il se réjouit en
ce moment de t'entendre insulter son prêtre.

NASTY

Qui t'a fait prêtre?

L'ÉVÊQUE

La Sainte Église.

NASTY

Ton Église est une putain : elle vend ses faveurs
aux riches. Toi, tu me confesserais? Toi, tu me
remettrais mes péchés? Ton âme a la pelade, Dieu
grince des dents quand il la voit. Mes frères, pas
besoin de prêtres : tous les hommes peuvent baptiser, tous les hommes peuvent absoudre, tous les
hommes peuvent prêcher. Je vous le dis en vérité :
tous les hommes sont Prophètes ou Dieu n'existe
pas.

L'ÉVÊQUE

Hou! Hou! Hou! Anathème!

Il lui jette son aumônière au visage.

NASTY, *désignant la porte du palais.*

Cette porte est vermoulue; on l'emporterait d'un
coup d'épaule. *(Silence.)* Comme vous êtes patients,
mes frères! *(Un temps. Aux hommes du peuple.)* Ils
sont tous de mèche : l'Évêque, le Conseil, les riches;
ils veulent rendre la ville parce que vous leur faites
peur. Et qui paiera pour tous s'ils la rendent? Vous!
Toujours vous! Allons, levez-vous, mes frères, il faut
tuer pour gagner le Ciel.

Les hommes du peuple grondent.

UN BOURGEOIS, *à sa femme.*

Viens! Retirons-nous.

UN AUTRE, *à son fils.*

Vite! Nous allons fermer les volets de la boutique et nous barricader chez nous.

L'ÉVÊQUE

Mon Dieu, vous m'êtes témoin que j'ai fait ce que j'ai pu pour sauver ce peuple. Je mourrai sans regrets, dans votre gloire, car je sais à présent que votre colère va s'abattre sur Worms et la réduire en poudre.

NASTY

Ce vieux vous mange vivants. D'où vient que sa voix soit si pleine? C'est qu'il bouffe. Allez faire un tour dans ses greniers : vous y trouverez assez de pain pour nourrir un régiment pendant six mois.

L'ÉVÊQUE, *d'une voix forte.*

Tu mens. Mes greniers sont vides et tu le sais.

NASTY

Allez-y voir, mes frères. Allez-y voir. Le croirez-vous sur parole?

Les bourgeois se retirent en hâte. Les hommes du peuple restent seuls avec Nasty.

HEINRICH, *s'approchant de Nasty.*

Nasty!

NASTY

Qu'est-ce que tu veux, toi?

HEINRICH

Tu le sais, pourtant, que ses greniers sont vides.

Tu sais qu'il mange à peine, qu'il donne sa part aux pauvres.

NASTY

Es-tu pour ou contre nous?

HEINRICH

Je suis pour vous quand vous souffrez, contre vous quand vous voulez verser le sang de l'Église.

NASTY

Tu es pour nous quand on nous assassine, contre nous quand nous osons nous défendre.

HEINRICH

Je suis d'Église, Nasty.

NASTY

Enfoncez la porte!

> *Les hommes s'attaquent à la porte.*
> *L'Évêque prie en silence, debout.*

HEINRICH, *se jetant devant la porte.*

Il faudra me tuer...

UN HOMME DU PEUPLE

Te tuer? Pour quoi faire?

> *Ils le frappent et le jettent à terre.*

HEINRICH

Vous m'avez frappé! Je vous aimais plus que mon âme et vous m'avez frappé! *(Il se relève et marche sur Nasty.)* Pas l'Évêque, Nasty, pas l'Évêque! Moi, si tu veux, mais pas l'Évêque.

NASTY

Pourquoi pas? C'est un affameur!

HEINRICH

Tu sais que non! Tu le sais. Si tu veux libérer tes

frères de l'oppression et du mensonge, pourquoi commences-tu par leur mentir?

NASTY

Je ne mens jamais.

HEINRICH

Tu mens! il n'y a pas de grain dans ses greniers.

NASTY

Que m'importe! Il y a de l'or et des pierreries dans ses églises. Tous ceux qui sont morts de faim au pied de ses Christs de marbre et de ses Vierges d'ivoire, je dis qu'il les a fait mourir.

HEINRICH

Ce n'est pas la même chose. Tu ne fais peut-être pas de mensonge, mais tu ne dis pas la vérité.

NASTY

Je ne dis pas la tienne : je dis la nôtre. Et, si Dieu aime les pauvres, c'est la nôtre qu'il fera sienne au jour du Jugement.

HEINRICH

Eh bien, laisse-lui juger l'Évêque. Mais ne verse pas le sang de l'Église.

NASTY

Je ne connais qu'une Église : c'est la société des hommes.

HEINRICH

De tous les hommes, alors, de tous les chrétiens liés par l'amour. Mais toi, tu inaugures ta société par un massacre.

NASTY

Il est trop tôt pour aimer. Nous en achèterons le droit en versant le sang.

HEINRICH

Dieu a défendu la violence : il l'abomine.

NASTY

Et l'Enfer? Crois-tu qu'on n'y fait pas violence aux damnés?

HEINRICH

Dieu a dit : Celui qui tirera l'épée...

NASTY

Périra par l'épée... Eh bien, oui, nous périrons par l'épée. Tous. Mais nos fils verront Son Règne sur la terre. Allons, va-t'en. Tu ne vaux pas mieux que les autres.

HEINRICH

Nasty! Nasty! Pourquoi ne m'aimez-vous pas? Que vous ai-je fait?

NASTY

Tu nous as fait que tu es curé et qu'un curé reste curé quoi qu'il fasse.

HEINRICH

Je suis l'un de vous. Pauvre et fils de pauvre.

NASTY

Eh bien, cela prouve que tu es un traître, voilà tout.

HEINRICH, *criant.*

Ils ont enfoncé la porte! *(La porte a cédé en effet et les hommes se précipitent dans le palais. Heinrich se jetant à genoux :)* Mon Dieu, si vous aimez encore les hommes, si vous ne les avez pas pris tous en horreur, empêchez ce meurtre.

L'ÉVÊQUE

Je n'ai pas besoin de tes prières, Heinrich! Vous

tous qui ne savez ce que vous faites, je vous pardonne. Mais toi, prêtre apostat, je te maudis.

HEINRICH

Ha!

L'ÉVÊQUE

Alleluia! Alleluia! Alleluia!

tomber avec fracas

> *Des hommes le frappent. Il s'écroule sur le balcon.*

NASTY, *à Schmidt.*

Eh bien, qu'ils essaient de rendre la ville, à présent.

UN HOMME DU PEUPLE, *paraissant à la porte.*

Il n'y avait pas de grain dans le grenier.

NASTY

C'est qu'ils l'auront caché au couvent des Minimes.

L'HOMME, *criant.*

Au couvent des Minimes! Au couvent!

> *Des hommes sortent en courant.*

HOMMES DU PEUPLE

Au couvent! Au couvent!

NASTY, *à Schmidt.*

Cette nuit, j'essaierai de franchir les lignes.

> *Ils sortent. Heinrich se relève, regarde autour de lui. Il est seul avec le Prophète. Il aperçoit l'Évêque, les yeux grands ouverts, qui le regarde.*

HEINRICH

(Il va pour entrer dans le palais. L'Évêque étend le bras pour le repousser.) Je n'entrerai pas. Baisse ton bras, baisse-le. Si tu n'es pas tout à fait mort, par-

donne. C'est lourd, une rancune, c'est terrestre;
Laisse-la sur terre : meurs léger. *(L'Évêque essaie de
parler.)* Quoi? *(L'Évêque rit.)* Un traître? Mais oui,
bien sûr. Eux aussi, tu sais, ils m'appellent traître.
Mais dis-moi donc : comment puis-je m'arranger pour
trahir tout le monde à la fois? *(L'Évêque rit toujours.)*
Pourquoi ris-tu? Allons. *(Un temps.)* Ils m'ont
frappé. Et pourtant je les aimais. Dieu! Comme je
les aimais. *(Un temps.)* Je les aimais, mais je leur
mentais. Je leur mentais par mon silence. Je me
taisais. Je me taisais! Bouche cousue, dents serrées :
ils crevaient comme des mouches et je me taisais.
Quand ils voulaient du pain, j'arrivais avec le crucifix.
Tu crois que ça se mange, le Crucifix? Ah! Baisse
ton bras, va, nous sommes complices. J'ai voulu
vivre leur pauvreté, souffrir de leur froid, de leur
faim : ils mouraient tout de même, n'est-ce pas;
tiens, c'était une manière de les trahir : je leur faisais croire que l'Église était pauvre. A présent, la
rage les a pris et ils ont tué; ils se perdent : ils n'auront jamais connu que l'Enfer; dans cette vie d'abord
et demain dans l'autre. *(L'Évêque prononce quelques
mots inintelligibles.)* Mais que veux-tu que j'y fasse?
Comment puis-je les en empêcher? *(Il va au fond et
regarde dans la rue.)* La place grouille de monde; ils
cognent avec des bancs contre la porte du couvent.
Elle est solide. Elle tiendra jusqu'au matin. Je n'y
puis rien. Rien! Rien! Allons, ferme la bouche, meurs
dignement. *(L'Évêque laisse tomber une clé.)* Qu'est-ce
que c'est cette clé? Quelle porte ouvre-t-elle? Une
porte de ton palais? Non? De la cathédrale? Oui?
De la sacristie? Non?... De la crypte?... C'est la
porte de la crypte? Celle qui est toujours fermée?
Eh bien?

L'ÉVÊQUE

Souterrain.

HEINRICH

Qui mène où?... Ne le dis pas! Puisses-tu mourir
avant de le dire.

L'ÉVÊQUE

Dehors.

HEINRICH

Je ne la ramasserai pas. *(Silence.)* Un souterrain part de la crypte et mène hors de la ville. Tu veux que j'aille chercher Gœtz et que je le fasse entrer dans Worms par le souterrain? Ne compte pas sur moi.

L'ÉVÊQUE

Deux cents prêtres. Leur vie entre tes mains.

Un temps.

HEINRICH

Parbleu, voilà donc pourquoi tu riais. C'est une bonne farce. Merci, bon Évêque, merci. Les pauvres massacreront les prêtres ou Gœtz massacrera les pauvres. Deux cents prêtres ou vingt mille hommes, tu me laisses un beau choix à faire. Vingt mille hommes, c'est beaucoup plus que deux cents, bien sûr; la question est de savoir combien d'hommes vaut un prêtre. A moi d'en décider : après tout, je suis d'Église. Je ne la ramasserai pas : ces curés iront droit au ciel. *(L'Évêque s'effondre.)* A moins qu'ils ne meurent comme toi, la rage au cœur. Eh bien, tu en as fini, bonsoir; pardonnez-lui, mon Dieu, comme je lui pardonne. Je ne la ramasserai pas. Voilà tout. Non! Non! Non!

Il ramasse la clé.

LE PROPHÈTE, *qui s'est relevé.*

Seigneur, que ta volonté soit faite.
Le monde est foutu! foutu!
Que ta volonté soit faite!

HEINRICH

Seigneur, tu as maudit Caïn et les enfants de Caïn : que ta volonté soit faite. Tu as permis que les hommes aient le cœur rongé, que leurs intentions soient pourries, que leurs actions se décomposent et puent : que ta volonté soit faite! Que ta volonté soit faite! Que ta volonté soit faite!

Il sort.

LE PROPHÈTE

Battons nos charognes.
Battez, battez : Dieu est là!

DEUXIÈME TABLEAU

Aux abords du camp de Gœtz. C'est la nuit. Au fond, la ville. Un officier paraît et regarde la ville. Un autre officier entre immédiatement après lui.

SCÈNE I

LES OFFICIERS, HERMANN.

DEUXIÈME OFFICIER

Qu'est-ce que tu fais?

PREMIER OFFICIER

Je regarde la ville : des fois qu'elle s'envolerait, un beau jour...

DEUXIÈME OFFICIER, *au premier.*

Elle ne s'envolera pas. Nous n'aurons pas cette chance. *(Se retournant brusquement.)* Qu'est-ce que c'est?

> *Deux hommes passent, portant sur une civière une forme recouverte d'un drap. Ils se taisent. Le premier officier va à la civière, soulève le drap et le laisse tomber.*

PREMIER OFFICIER

A la rivière! tout de suite!

DEUXIÈME OFFICIER

Il est...?

PREMIER OFFICIER

Noir.

> *Un temps. Les deux infirmiers se mettent en marche. Le malade gémit.*

DEUXIÈME OFFICIER

Attendez.

> *Ils s'arrêtent.*

PREMIER OFFICIER

Eh bien quoi?

DEUXIÈME OFFICIER

Il est vivant.

PREMIER OFFICIER

Je ne veux pas le savoir. A la rivière!

DEUXIÈME OFFICIER, *aux infirmiers.*

Quel régiment?

L'INFIRMIER

Croix bleue.

DEUXIÈME OFFICIER

Eh! c'est le mien. Demi-tour!

PREMIER OFFICIER

Tu es fou! A la rivière!

DEUXIÈME OFFICIER

Je ne laisserai pas noyer mes hommes comme une portée de chats.

rire, s'amuser beaucoup

> *Ils se regardent. Les infirmiers échangent un*
> *coup d'œil rigolard, posent le mourant et attendent.*

PREMIER OFFICIER

Mort ou vivant, si on le garde il foutra le choléra
à l'armée entière.

TROISIÈME OFFICIER, *entrant.*

Et si ce n'est pas le choléra, ce sera la panique.
Allez! Jetez-le dans la rivière!

L'INFIRMIER

Il gémit.

> *Un temps. Le deuxième officier se tourne avec*
> *humeur vers les infirmiers, tire rageusement sa*
> *dague et frappe le corps.*

DEUXIÈME OFFICIER

Il ne gémira plus. Allez! *(Les deux hommes sortent.)*
Trois. Trois depuis hier.

HERMANN, *entrant.*

Quatre. Il y en a un qui vient de tomber au beau
milieu du camp.

DEUXIÈME OFFICIER

Les hommes l'ont vu?

HERMANN

Au beau milieu du camp, je te dis.

TROISIÈME OFFICIER

Si c'était moi qui commandais, on lèverait le siège
cette nuit.

HERMANN

D'accord. Mais ce n'est pas toi qui commandes.

PREMIER OFFICIER

Eh bien, il faut lui parler.

HERMANN

Et qui parlera? *(Un silence. Les regardant :)* Vous ferez tout ce qu'il faudra.

DEUXIÈME OFFICIER

Alors, nous sommes foutus. Si le choléra nous épargne, nous serons égorgés par nos troupes.

HERMANN

A moins que ce ne soit lui qui crève.

PREMIER OFFICIER

Lui? Du choléra?

HERMANN

Du choléra ou d'autre chose. *(Un silence.)* On m'a fait dire que l'Archevêque ne verrait pas sa mort d'un mauvais œil.

Silence.

DEUXIÈME OFFICIER

Je ne pourrais pas.

PREMIER OFFICIER

Moi non plus, il me dégoûte tellement que j'aurais horreur de lui faire mal.

HERMANN

On ne te demande rien. Sauf de te taire et de laisser faire ceux qui sont moins dégoûtés que toi.

Silence. Gœtz et Catherine entrent.

SCÈNE II

LES MÊMES, GŒTZ, CATHERINE.

GŒTZ, *entrant.*

Vous n'avez rien à m'apprendre? Pas même que
les soldats manquent de pain? Pas même que le
choléra va décimer les troupes? Vous n'avez rien
à me demander? Pas même de lever le siège pour
éviter une catastrophe? *(Un temps.)* Je vous fais
donc si peur?

Ils se taisent.

CATHERINE

Comme ils te regardent, mon bijou. Ces gens-là
ne t'aiment guère et je ne serais pas étonnée qu'on
te retrouve un jour sur le dos avec un gros couteau
dans la panse.

GŒTZ

M'aimes-tu, toi?

CATHERINE

Foutre non!

GŒTZ

Eh bien, tu vois que tu ne m'as pas tué.

CATHERINE

Ce n'est pas faute d'en avoir eu envie.

GŒTZ

Je sais : tu fais des rêves jolis. Mais je suis tranquille : à l'instant de ma mort tu serais cajolée par
vingt mille hommes. Et vingt mille hommes, c'est un
peu trop, même pour toi.

CATHERINE

Mieux vaut vingt mille qu'un seul qui vous fait horreur.

GŒTZ

Ce que j'aime en toi, c'est l'horreur que je t'inspire. *(Aux officiers.)* Quand donc voulez-vous que je lève le siège? Mardi? Jeudi? Dimanche? Eh bien, mes amis, ce n'est ni mardi ni jeudi, que je prendrai la ville : c'est cette nuit.

DEUXIÈME OFFICIER

Cette nuit?

GŒTZ

Tout à l'heure. *(Regardant la ville.)* Une petite lumière bleue, là-bas, vous la voyez? Tous les soirs je la regarde et tous les soirs, à cette minute même, elle s'éteint. Tenez : qu'est-ce que je vous disais? Eh bien, je viens de la voir s'éteindre pour la cent unième et dernière fois. Bonsoir : il faut bien tuer ce qu'on aime. En voilà d'autres... d'autres lumières qui disparaissent. Dame, il y a des gens qui se couchent tôt parce qu'ils veulent se lever tôt demain. Et il n'y aura pas de demain. Belle nuit, hein? Pas très claire mais fourmillante d'étoiles : tout à l'heure, la lune va se lever. Tout juste le genre de nuit où il n'arrive rien. Ils ont tout prévu, tout accepté, même le massacre : mais pas pour cette nuit. Le ciel est si pur qu'il donne confiance, cette nuit leur appartient. *(Brusquement.)* Quelle puissance! Dieu, cette ville est à moi et je te la donne. Tout à l'heure je la ferai flamber pour ta gloire! *(Aux officiers.)* Un prêtre s'est échappé de Worms et prétend nous y faire entrer. Le capitaine Ulrich l'interroge.

TROISIÈME OFFICIER

Hum!

GŒTZ

Quoi?

TROISIÈME OFFICIER

Je me méfie des traîtres.

GŒTZ

Tiens : moi je les adore.

Un officier entre en poussant le prêtre avec un soldat.

SCÈNE III

LES MÊMES, HEINRICH, LE CAPITAINE.

HEINRICH, *tombant aux genoux de Gœtz.*

Torturez-moi! Arrachez-moi les ongles! Écorchez-moi vivant!

Gœtz éclate de rire.

GŒTZ, *tombant aux genoux du prêtre.*

Étripez-moi! Rouez-moi vif! Écartelez-moi! *(Il se relève.)* Eh bien, la glace est rompue. *(Au capitaine.)* Qui est-ce?

LE CAPITAINE

C'est Heinrich, le curé de Worms, celui qui devait nous livrer la ville.

GŒTZ

Eh bien?

LE CAPITAINE

Il ne veut plus parler.

GŒTZ, *va à Heinrich.*

Pourquoi?

LE CAPITAINE

Il dit simplement qu'il a changé d'avis.

TROISIÈME OFFICIER

Changé d'avis! Sacredieu! Cassez-lui les dents!
Brisez-lui l'échine!

HEINRICH

Cassez-moi les dents! Brisez-moi l'échine!

GŒTZ

Quel enragé! *(A Heinrich.)* Pourquoi voulais-tu
nous livrer la ville?

HEINRICH

Pour sauver les prêtres que la populace veut massacrer.

GŒTZ

Et pourquoi t'es-tu ravisé?

HEINRICH

J'ai vu les gueules de vos reîtres.

GŒTZ

Après?

HEINRICH

Elles parlent.

GŒTZ

Que disent-elles?

HEINRICH

Que je provoquerais un massacre en voulant empêcher quelques meurtres.

GŒTZ

Tu en avais déjà vu, pourtant, des reîtres. Et tu
savais qu'ils n'avaient pas l'air bon.

HEINRICH

Ceux-ci sont pires que les autres.

GŒTZ

Bah! Bah! Tous les soldats se ressemblent. Qui croyais-tu trouver ici? Des anges?

HEINRICH

Des hommes. Et je voulais demander à ces hommes d'épargner d'autres hommes. Ils seraient entrés dans la ville s'ils m'avaient juré de laisser la vie à tous les habitants.

GŒTZ

Tu croyais donc à ma parole?

HEINRICH

A *ta* parole? *(Il le regarde.)* Tu es Gœtz?

GŒTZ

Oui.

HEINRICH

Je... je pensais pouvoir m'y fier.

GŒTZ, *étonné.*

A ma parole? *(Un temps.)* Je te la donne. *(Heinrich se tait.)* Si tu nous fais entrer dans la ville, je jure de laisser la vie sauve à ses habitants.

HEINRICH

Et tu voudrais que je te croie?

GŒTZ

N'en avais-tu pas l'intention?

HEINRICH

Oui : avant de t'avoir vu.

GŒTZ, *se met à rire.*

Eh oui, je sais : ceux qui me voient se fient rarement à ma parole : je dois avoir l'air trop intelligent pour la tenir. Mais écoute donc : prends-moi au mot. Pour voir! Rien que pour voir... Je suis chrétien après tout : si je te jurais sur la Bible? Fais-moi le coup de la confiance imbécile! Vous autres, les prêtres, n'est-ce pas votre rôle de tenter les méchants par le Bien?

HEINRICH

Te tenter par le Bien, toi? Ça te ferait trop de plaisir!

GŒTZ

Tu me connais. *(Il le regarde en souriant.)* Allez-vous-en tous.

Les officiers et Catherine sortent.

SCÈNE IV

GŒTZ, HEINRICH.

GŒTZ, *avec une sorte de tendresse.*

Tu es en sueur. Comme tu souffres!

HEINRICH

Pas assez! Ce sont les autres qui souffrent, pas moi. Dieu a permis que je sois hanté par la souffrance d'autrui sans jamais la ressentir. Pourquoi me regardes-tu?

GŒTZ, *toujours avec tendresse.*

J'ai eu cette gueule de faux-jeton. C'est toi que je regarde et c'est de moi que j'ai pitié : nous sommes de la même espèce.

HEINRICH

C'est faux! Toi, tu as livré ton frère. Moi, je ne livrerai pas les miens.

GŒTZ

Tu les livreras cette nuit.

HEINRICH

Ni cette nuit ni jamais.

Un temps.

GŒTZ, *sur un ton détaché.*

Qu'est-ce que les pauvres vont faire aux prêtres?
Les pendre aux crocs des bouchers?

HEINRICH, *dans un cri.*

Tais-toi! *(Il se reprend.)* Ce sont les horreurs de
la guerre. Je ne suis qu'un humble curé, impuissant
à les éviter.

GŒTZ

Hypocrite! Cette nuit tu as pouvoir de vie et de
mort sur vingt mille hommes.

HEINRICH

Je ne veux pas de ce pouvoir. Il vient du Diable.

GŒTZ

Tu n'en veux pas, mais tu l'as. *(Heinrich s'enfuit
en courant.)* Holà! qu'est-ce que tu fais? Si tu fuis,
tu as décidé.

Heinrich revient, le regarde et se met à rire.

HEINRICH

Tu as raison. Que je m'enfuie ou que je me tue,
ça n'arrange rien. Ce sont des façons de me taire.
Je suis l'élu de Dieu.

GŒTZ

Dis plutôt que tu es fait comme un rat.

HEINRICH

C'est la même chose : un élu, c'est un homme que

le doigt de Dieu coince contre un mur. *(Un temps.)* Seigneur, pourquoi moi?

GŒTZ, *doucement.*

Voici le moment de l'agonie. Je voudrais te l'abréger. Laisse-moi t'aider.

HEINRICH

M'aider, toi, quand Dieu se tait? *(Un temps.)* Allons, j'ai menti : je ne suis pas son élu. Pourquoi le serais-je? Qui me forçait à sortir de la ville? Qui m'a donné mandat de venir te trouver? La vérité, c'est que je me suis élu moi-même. Quand je venais te demander la grâce de mes frères, j'étais déjà sûr de ne pas l'obtenir. Ce n'est pas la méchanceté de vos visages qui m'a fait changer d'avis, c'est leur réalité. Je rêvais de faire le Mal et quand je vous ai vu, j'ai compris que j'allais le faire pour de vrai. Sais-tu que je hais les pauvres?

GŒTZ

Oui, je le sais.

HEINRICH

Pourquoi s'en vont-ils quand je leur tends les bras? Pourquoi souffrent-ils toujours tellement plus que je ne pourrai jamais souffrir? Seigneur, pourquoi avez-vous permis qu'il y ait des pauvres? Ou alors que ne m'avez-vous fait moine? Dans un couvent, je ne serais qu'à vous. Mais comment n'être qu'à vous seul tant qu'il y aura des hommes pour mourir de faim! *(A Gœtz.)* J'étais venu te les livrer tous et j'espérais que tu les exterminerais, afin que je puisse oublier qu'ils ont jamais été.

GŒTZ

Eh bien alors?

HEINRICH

Alors, j'ai changé d'avis : tu n'entreras pas dans la ville.

GŒTZ

Et si c'était la volonté de Dieu que tu nous y fasses entrer? Écoute un peu : si tu te tais, les prêtres meurent cette nuit; ça, c'est sûr. Mais les pauvres? Crois-tu qu'ils vont survivre? Je ne lèverai pas le siège : dans un mois, tout le monde aura crevé de faim à Worms. Il ne s'agit pas pour toi de disposer de leur mort ou de leur vie, mais de choisir pour eux entre deux genres de mort. Couillon, prends donc la plus rapide. Sais-tu ce qu'ils y gagneront? S'ils meurent cette nuit avant d'avoir tué les prêtres, ils gardent les mains pures; tout le monde se retrouve au ciel. Dans le cas contraire, pour quelques semaines que tu leur laisses, tu les envoies, tout souillés de sang, en Enfer. Voyons, curé : c'est le Démon qui te souffle d'épargner leurs vies terrestres pour leur donner le temps de se damner. *(Un temps.)* Dis-moi comment on entre dans la ville.

HEINRICH

Tu n'existes pas.

GŒTZ

Hé?

HEINRICH

Tu n'existes pas. Tes paroles sont mortes avant d'entrer dans mes oreilles, ton visage n'est pas de ceux qu'on rencontre en plein jour. Je sais tout ce que tu diras, je prévois tous tes gestes. Tu es ma créature, et je te souffle tes pensées. Je rêve, tout est mort et l'air a goût de sommeil.

GŒTZ

En ce cas, je rêve aussi car je te prévois si minutieusement que tu m'ennuies déjà. Reste à savoir lequel des deux habite le rêve de l'autre.

HEINRICH

Je ne suis pas sorti de la ville! Je n'en suis pas

sorti! Nous jouons devant des toiles peintes. Allons,
beau parleur, donne-moi la comédie. Sais-tu ton rôle?
Le mien est de dire non. Non! Non! Non! Non! Tu
ne dis rien? Tout ceci n'est qu'une tentation très
ordinaire et sans beaucoup de vraisemblance. Que
ferais-je au camp de Gœtz, moi? *(Il désigne la ville.)*
Si ces lumières pouvaient s'éteindre! Que fait-elle
là-bas puisque je suis dedans? *(Un temps.)* Il y a
tentation mais je ne sais pas où elle est. *(A Gœtz.)*
Ce que je sais parfaitement, c'est que je vais voir le
Diable : quand il se prépare à me faire ses grimaces,
on commence le spectacle par des fantasmagories.

GŒTZ

Tu l'as déjà vu?

HEINRICH

Plus souvent que tu n'as vu ta propre mère.

GŒTZ

Je lui ressemble?

HEINRICH

Toi, pauvre homme? Tu es le bouffon.

GŒTZ

Quel bouffon?

HEINRICH

Il y a toujours un bouffon. Son rôle est de me
contrarier. *(Un temps.)* J'ai gagné.

GŒTZ

Quoi?

HEINRICH

J'ai gagné. La dernière lumière vient de s'éteindre :
disparu le simulacre diabolique de Worms. Allons!
Tu vas disparaître à ton tour, et cette tentation ridi-
cule prendra fin. La nuit, la nuit partout. Quel
repos.

GŒTZ

Continue, prêtre, continue. Je me rappelle tout ce que tu vas dire. Il y a un an... Oh oui, mon frère, je me rappelle : comme tu voudrais faire entrer toute cette nuit dans ta tête! Comme je l'ai voulu!

HEINRICH, *murmure.*

Où vais-je me réveiller?

GŒTZ, *riant tout à coup.*

Tu es réveillé, truqueur, et tu le sais. Tout est vrai. Regarde-moi, touche-moi, je suis de chair et d'os. Tiens, la lune se lève et ta cité diabolique sort de l'ombre; regarde-la : est-ce une image? Allons! C'est du vrai roc, ce sont de vrais remparts, c'est une vraie ville avec des vrais habitants. Toi, tu es un vrai traître.

HEINRICH

On est un traître quand on trahit. Et tu auras beau faire, je ne trahirai pas.

GŒTZ

On trahit quand on est un traître : tu trahiras. Voyons. Curé, tu es *déjà* un traître : deux partis s'affrontent et tu prétends appartenir aux deux à la fois. Donc tu joues double jeu, donc tu penses en deux langues : la souffrance des pauvres, tu l'appelles épreuve en latin d'église et en allemand iniquité. Que t'arrivera-t-il de plus si tu me fais entrer dans la ville? Tu deviendras le traître que tu étais, tout simplement. Un traître qui trahit, c'est un traître qui s'accepte.

HEINRICH

Comment sais-tu cela si ce n'est pas moi qui te dicte tes paroles?

GŒTZ

Parce que je suis un traître. *(Un temps.)* J'ai déjà

fait le chemin qui te reste à faire, pourtant regarde-moi : n'ai-je pas la mine florissante?

HEINRICH

Tu es florissant parce que tu as suivi ta nature. Tous les bâtards trahissent, c'est connu. Mais moi je ne suis pas bâtard.

GŒTZ, *hésite à frapper puis se contient.*

D'ordinaire ceux qui m'appellent bâtard ne recommencent pas.

HEINRICH

Bâtard!

GŒTZ

Curé, curé sois sérieux. Ne me force pas à te couper les oreilles : ça n'arrangerait rien puisque je te laisserais ta langue. *(Brusquement, il l'embrasse.)* Salut, petit frère! salut en bâtardise! Car toi aussi tu es bâtard! Pour t'engendrer, le clergé a couché avec Misère; quelle maussade volupté! *(Un temps.)* Bien sûr que les bâtards trahissent : que veux-tu qu'ils fassent d'autre? Moi, je suis agent double de naissance : ma mère s'est donnée à un croquant, et je suis fait de deux moitiés qui ne collent pas ensemble : chacune des deux fait horreur à l'autre. Crois-tu que tu es mieux loti? Un demi-curé ajouté à un demi-pauvre, ça n'a jamais fait un homme entier. Nous *ne sommes* pas et nous *n'avons* rien. Tous les enfants légitimes peuvent jouir de la terre sans payer. Pas toi, pas moi. Depuis mon enfance, je regarde le monde par un trou de la serrure : c'est un beau petit œuf bien plein où chacun occupe la place qui lui est assignée, mais je peux t'affirmer que nous ne sommes pas dedans. Dehors! Refuse ce monde qui ne veut pas de toi! Fais le Mal : tu verras comme on se sent léger. *(Un officier entre.)* Que veux-tu?

L'OFFICIER

L'envoyé de l'archevêque est arrivé.

GŒTZ

Qu'il vienne.

L'OFFICIER

Il est porteur de nouvelles; l'ennemi laisse sept mille morts, c'est la déroute.

GŒTZ

Et mon frère? *(L'Officier veut lui parler à l'oreille.)* Ne m'approche pas et parle haut.

L'OFFICIER

Conrad est mort.

A partir de là Heinrich regarde attentivement Gœtz.

GŒTZ

Bien. On a retrouvé son corps?

L'OFFICIER

Oui.

GŒTZ

En quel état? Réponds!

L'OFFICIER

Défiguré.

GŒTZ

Un coup d'épée?

L'OFFICIER

Les loups.

GŒTZ

Quels loups? Il y a des loups?

L'OFFICIER

La forêt d'Arnheim...

GŒTZ

C'est bon. Qu'on me laisse régler ce compte-ci et je marcherai contre eux avec l'armée entière; j'écorcherai tous les loups d'Arnheim. Va-t'en. *(L'Officier sort. Un temps.)* Mort sans confession; les loups lui ont mangé la face, mais tu vois : je souris.

HEINRICH, *doucement.*

Pourquoi l'as-tu trahi?

GŒTZ

Parce que j'ai le goût du définitif. Curé, je me suis fait moi-même : bâtard, je l'étais de naissance, mais le beau titre de fratricide, je ne le dois qu'à mes mérites. *(Un temps.)* Elle est à moi, à présent, à moi seul.

HEINRICH

Qu'est-ce qui est à toi?

GŒTZ

La maison des Heidenstamm. Finis, les Heidenstamm, liquidés, je les recueille tous en moi, depuis Albéric qui en fut le fondateur jusqu'à Conrad, le dernier héritier mâle. Regarde-moi bien curé, je suis un caveau de famille. Pourquoi ris-tu?

HEINRICH

Je croyais que je serais seul à voir le Diable cette nuit, mais à présent je pense que nous le verrons tous les deux.

GŒTZ

Je me moque du diable! Il reçoit les âmes, mais ce n'est pas lui qui les damne. Je ne daigne avoir affaire qu'à Dieu, les monstres et les saints ne relèvent que de lui. Dieu me voit, curé, il sait que j'ai tué mon frère et son cœur saigne. Eh bien, oui, Seigneur, je l'ai tué. Et que peux-tu contre moi? J'ai commis le pire des crimes et le Dieu de justice ne peut me

punir : il y a plus de quinze ans qu'il m'a damné.
Allons, assez pour aujourd'hui : c'est fête. Je vais
boire.

HEINRICH, *allant à lui.*

Tiens!

Il sort une clé de sa poche et la lui tend.

GŒTZ

Qu'est-ce que c'est?

HEINRICH

Une clé.

GŒTZ

Quelle clé?

HEINRICH

Celle de Worms.

GŒTZ

Assez pour aujourd'hui, je te dis. Un frère, foutre!
On n'enterre pas son frère tous les jours : je peux
bien me donner congé jusqu'à demain.

HEINRICH, *avance sur lui.*

Lâche!

GŒTZ, *s'arrêtant.*

Si je prends cette clé, je brûlerai tout.

HEINRICH

Au fond de ce ravin, il y a un grand rocher blanc.
A sa base, caché par des broussailles, il y a un trou.
Vous suivrez le souterrain et vous trouverez une
porte qui s'ouvre avec ceci.

GŒTZ

Comme ils vont t'aimer, tes pauvres! Comme ils
vont te bénir!

HEINRICH

Ça ne me regarde plus. Moi, je me perds. Mais je
te confie mes pauvres, bâtard. A présent, c'est à toi
de choisir.

GŒTZ

Tu disais tout à l'heure qu'il suffisait de voir ma
gueule...

HEINRICH

Je ne l'avais pas assez bien vue.

GŒTZ

Et que vois-tu à présent?

HEINRICH

Je vois que tu te fais horreur.

GŒTZ

C'est vrai, mais ne t'y fie pas! Je me fais horreur
depuis quinze ans. Et après? Est-ce que tu ne
comprends pas que le Mal est ma raison d'être?
Donne-moi cette clé. *(Il la prend.)* Eh bien, prêtre,
tu te seras menti jusqu'au bout. Tu pensais avoir
trouvé un truc pour te masquer ta trahison. Mais
pour finir, tu as trahi tout de même. Tu as livré
Conrad.

HEINRICH

Conrad?

GŒTZ

Ne t'inquiète pas : tu me ressembles tant que je
t'ai pris pour moi.

Il sort.

TROISIÈME TABLEAU

La tente de Gœtz.
Par l'ouverture, on aperçoit très loin la ville au clair de lune.

SCÈNE I

HERMANN, CATHERINE.

Hermann entre et tente de se cacher derrière le lit de camp. Sa tête et son corps disparaissent, on ne voit plus que ses énormes fesses.
Catherine entre, s'approche et lui donne un coup de pied.
Il se relève effaré.
Elle bondit en arrière en riant.

LE TROISIÈME OFFICIER, HERMANN

Si tu cries...

CATHERINE

Si je crie tu es pris et Gœtz te fera pendre, mieux vaut causer. Que vas-tu lui faire?

L'OFFICIER

Ce que je vais lui faire, catin, si tu avais du sang

dans les veines, il y a beau temps que tu le lui aurais
fait. Allons! Va te promener et remercie Dieu qu'on
se charge de la besogne à ta place. Entends-tu?

CATHERINE

Qu'est-ce que je deviendrai s'il meurt? Tout le
camp me sautera dessus.

L'OFFICIER

Nous te ferons fuir.

CATHERINE

Me donnerez-vous de l'argent?

L'OFFICIER

Nous t'en donnerons un peu.

CATHERINE

Payez-moi ma dot et j'entrerai au couvent.

L'OFFICIER, *riant.*

Au couvent! Toi. Si tu veux vivre en communauté,
je te conseille plutôt le bordel : avec le talent que
tu as dans les cuisses, tu gagneras de l'or. Allons,
décide-toi. Je ne te demande que le silence.

CATHERINE

Pour ce qui est de mon silence, tu peux y compter :
de toute façon, je ne te livrerai pas. Quant à te
laisser l'égorger... ça dépend.

L'OFFICIER

Ça dépend de quoi?

CATHERINE

Nous n'avons pas les mêmes intérêts, mon capitaine. L'honneur de l'homme, ça se répare à la
pointe du couteau. Mais moi, il m'a faite putain et
je suis beaucoup plus difficile à raccommoder. *(Un
temps.)* Cette nuit la ville est prise! finie la guerre,

tout le monde s'en va. Quand il viendra ici, tout à
l'heure, je lui demanderai ce qu'il compte faire de
moi. S'il me garde...

L'OFFICIER

Gœtz te garder? Tu es folle. Que veux-tu qu'il
fasse de toi?

CATHERINE

S'il me garde, tu ne le toucheras pas.

L'OFFICIER

Et s'il te chasse?

CATHERINE

Alors, il est à toi. Si je crie : « Tu l'auras voulu! »
sors de ta cachette et tu l'auras à merci.

L'OFFICIER

Tout cela ne me dit rien qui vaille. Je n'aime pas
que mon entreprise dépende d'une histoire de cul.

CATHERINE, *qui depuis un moment regarde au-dehors.*

Alors, tu n'as plus qu'à te mettre à genoux pour
lui demander ta grâce : le voilà.

> *Hermann court se cacher. Catherine se met à
> rire.*

SCÈNE II

GŒTZ, CATHERINE, HERMANN, *caché.*

GŒTZ, *entrant.*

Pourquoi ris-tu?

CATHERINE

Je riais à mes songes : je te voyais mort avec une
dague dans le dos. *(Un temps.)* Alors, il a parlé?

GŒTZ

Qui?

CATHERINE

Le curé.

GŒTZ

Quel curé? Ah oui! Oui, oui, naturellement.

CATHERINE

Et c'est pour cette nuit?

GŒTZ

Est-ce que ça te regarde? Ote-moi mes bottes. *(Elle les lui ôte.)* Conrad est mort.

CATHERINE

Je le sais; tout le camp sait.

GŒTZ

Donne-moi à boire. Il faut fêter cela. *(Elle le sert.)* Bois aussi.

CATHERINE

Je n'en ai pas envie.

GŒTZ

Bois, nom de Dieu, c'est fête.

CATHERINE

Belle fête qui a commencé par un massacre et qui finira par un carnage.

GŒTZ

La plus belle fête de ma vie. Demain, je pars pour mes terres.

CATHERINE, *saisie.*

Si tôt?

GŒTZ

Si tôt! Voilà trente ans que j'en rêve. Je n'attendrai pas un jour de plus. *(Catherine semble troublée.)* Tu ne te sens pas bien?

CATHERINE, *se reprenant.*

C'est de t'entendre parler de *tes* terres quand le corps de Conrad est encore chaud.

GŒTZ

Voilà trente ans qu'elles sont miennes en secret. *(Il lève son verre.)* Je bois à mes terres et à mon château. Trinque! *(Elle lève son verre en silence.)* Dis : A tes terres!

CATHERINE

Non.

GŒTZ

Pourquoi, garce?

CATHERINE

Parce qu'elles ne sont pas à toi. Cesseras-tu d'être bâtard parce que tu as assassiné ton frère? *(Gœtz se met à rire et lui envoie une gifle; elle l'esquive et se rejette en arrière en riant.)* Les terres, ça se transmet par héritage.

GŒTZ

Il aurait fallu me payer cher pour que j'accepte d'en hériter. Ce qui est à moi, c'est ce que je prends. Allons, trinque ou je me fâche.

CATHERINE

A tes terres! A ton château!

GŒTZ

Et qu'il y ait la nuit, dans les couloirs, beaucoup de fantômes indignés.

un comédien
un mauvais acteur

CATHERINE

C'est vrai, cabotin, que ferais-tu sans public? Je bois aux fantômes. *(Un temps.)* Ainsi, mon mignon, ce qui est à toi, c'est ce que tu prends?

GŒTZ

Cela seulement.

CATHERINE

Alors, outre ton manoir et ton domaine, tu possèdes un trésor sans prix dont tu ne parais pas te soucier.

GŒTZ

Qu'est-ce que c'est?

CATHERINE

Moi, mon chéri, moi. Ne m'as-tu pas prise de force? *(Un temps.)* Que comptes-tu faire de moi? Décide.

GŒTZ, *il la regarde et réfléchit.*

Eh bien, je t'emmène.

CATHERINE

Tu m'emmènes? *(Elle marche avec hésitation.)* Pourquoi m'emmènes-tu? Pour installer une putain dans un château historique?

GŒTZ

Pour faire coucher une putain dans le lit de ma mère.

Un temps.

CATHERINE

Et si je refusais? Si je ne voulais pas te suivre?

GŒTZ

J'espère bien que tu ne le veux pas.

CATHERINE

Ah! Tu m'emmènes de force. Ça me soulage. J'aurais eu honte de te suivre volontairement. *(Un temps.)* Pourquoi veux-tu toujours arracher ce qu'on t'accorderait peut-être de bonne grâce?

GŒTZ

Pour être sûr qu'on me l'accordera de mauvaise grâce. *(Il va vers elle.)* Regarde-moi, Catherine. Qu'est-ce que tu me caches?

CATHERINE, *vivement.*

Moi, rien!

GŒTZ

Depuis quelque temps tu n'es plus la même. Tu me détestes toujours bien fort, n'est-ce pas?

CATHERINE

Pour cela oui : bien fort!

GŒTZ

Tu rêves toujours que tu m'assassines?

CATHERINE

Plusieurs fois par nuit.

GŒTZ

Tu n'oublies pas au moins que je t'ai souillée et avilie?

CATHERINE

Je n'en ai garde.

GŒTZ

Et tu subis mes caresses avec répugnance?

CATHERINE

Elles me font frissonner.

[marginalia: avisa = apercevoir brusquement]

GŒTZ

Parfait. Si tu t'avisais de te pâmer entre mes bras, je te chasserais à l'instant.

[marginalia: défailli par l'effet d'une émotion vive]

CATHERINE

Mais...

GŒTZ

Je n'accepterai plus rien, pas même les faveurs d'une femme.

CATHERINE

Pourquoi?

GŒTZ

Parce que j'ai trop reçu. Pendant vingt ans, ils m'ont tout donné gracieusement, jusqu'à l'air que je respirais : un bâtard, il faut que ça baise la main qui le nourrit. Oh! Comme je vais donner à présent! Comme je vais donner!

FRANTZ, *entrant.*

L'envoyé de Son Excellence est là.

GŒTZ

Qu'il entre.

SCÈNE III

LES MÊMES, LE BANQUIER.

LE BANQUIER

Je suis Foucre.

GŒTZ

Je suis Gœtz et voici Catherine.

LE BANQUIER

Heureux de saluer un aussi grand capitaine.

GŒTZ

Et moi de saluer un aussi riche banquier.

LE BANQUIER

Je suis porteur de trois excellentes nouvelles.

GŒTZ

L'Archevêque est victorieux, mon frère est mort, son domaine est à moi. N'est-ce pas cela?

LE BANQUIER

Tout juste. Eh bien, je...

GŒTZ

Fêtons-les. Voulez-vous boire?

LE BANQUIER

Mon estomac ne supporte plus le vin. Je...

GŒTZ

Voulez-vous cette jolie fille? Elle est à vous.

LE BANQUIER

Je ne saurais que faire d'elle. Je suis trop vieux.

GŒTZ

Ma pauvre Catherine, il ne veut pas de toi. *(Au Banquier.)* Préférez-vous les jeunes garçons? Il y en aura un ce soir même sous votre tente.

LE BANQUIER

Non, non! Pas de jeune garçon! Pas de jeune garçon! Je...

GŒTZ

Que diriez-vous d'un lansquenet? J'en ai un de

six pieds, le visage couvert de poils; vous jureriez
Polyphème.

LE BANQUIER

Oh! Oh! Surtout pas...

GŒTZ

En ce cas, nous allons vous donner de la gloire. *(Il
appelle.)* Frantz! *(Frantz paraît.)* Frantz, tu pro-
mèneras Monsieur à travers le camp, veille à ce que
les soldats crient « Vive le banquier! » en jetant leurs
chapeaux en l'air.

Frantz sort.

LE BANQUIER

Je vous suis obligé, mais je souhaiterais vous parler
en particulier.

GŒTZ, *étonné.*

Et qu'est-ce que vous faites depuis que vous êtes
entré? *(Désignant Catherine.)* Ah! Celle-ci. C'est un
animal domestique : parlez sans vous gêner.

LE BANQUIER

Son Éminence a toujours été pacifique et vous
savez que feu votre frère était responsable de la
guerre...

GŒTZ

Mon frère! *(Très violent.)* Si cette vieille bourrique
ne l'avait poussé à bout...

LE BANQUIER

Monsieur...

GŒTZ

Oui. Oubliez ce que je viens de dire, mais vous
m'obligeriez en laissant mon frère en dehors de tout
ceci. Après tout, je porte son deuil.

LE BANQUIER

Son Éminence donc a décidé de célébrer le retour
de la paix par des mesures de clémence exception-
nelles.

GŒTZ

Bravo! Elle ouvrira les prisons?

LE BANQUIER

Les prisons? Oh non!

GŒTZ

Souhaite-t-elle que je fasse remise de leur peine
aux soldats que j'ai punis?

LE BANQUIER

Elle le souhaite certainement. Mais l'amnistie
qu'elle envisage est d'un caractère plus général. Elle
veut l'étendre à ses sujets de Worms.

GŒTZ

Ah! Ah!

LE BANQUIER

Elle a décidé de ne pas leur tenir rigueur d'un éga-
rement passager.

GŒTZ

Eh bien, c'est une excellente idée.

LE BANQUIER

Serions-nous d'accord? si vite?

GŒTZ

Entièrement d'accord.

Le Banquier se frotte les mains.

LE BANQUIER

Eh bien, tout est parfait; vous êtes un homme
raisonnable. Quand songez-vous à lever le siège?

GŒTZ

Demain tout sera fini.

LE BANQUIER *conférence, entretien*

Demain, c'est un peu tôt tout de même. Son
Éminence désire entrer en pourparlers avec les assié-
gés. Si votre armée demeure encore quelques jours
sous leurs murs, les négociations s'en trouveront
facilitées.

GŒTZ

Je vois. Et qui va négocier avec eux?

LE BANQUIER

Moi.

GŒTZ

Quand?

LE BANQUIER

Demain.

GŒTZ

Impossible.

LE BANQUIER

Pourquoi?

GŒTZ

Catherine! On le lui dit?

CATHERINE

Bien sûr, mon bijou.

GŒTZ

Dis-lui, toi. Moi je n'ose pas, ça va lui faire trop
de peine.

CATHERINE

Demain, banquier, tous ces gens-là seront morts.

LE BANQUIER

Morts?

GŒTZ

Tous.

LE BANQUIER

Tous morts?

GŒTZ

Morts tous. Cette nuit. Vous voyez cette clé? C'est celle de la ville. Dans une heure d'ici, nous commencerons le massacre.

LE BANQUIER

Tous? Même les riches?

GŒTZ

Même les riches.

LE BANQUIER

Mais vous approuviez la clémence de l'Archevêque...

GŒTZ

Je l'approuve encore. Il est offensé et prêtre : deux raisons de pardonner. Mais moi, pourquoi pardonnerais-je? Les habitants de Worms ne m'ont pas offensé. Non, non : je suis militaire, donc je tue. Je les tuerai conformément à mon office et l'Archevêque leur pardonnera, conformément au sien.

Un temps. Puis le Banquier se met à rire. Catherine puis Gœtz rient aussi.

LE BANQUIER, *riant.*

Vous aimez rire.

GŒTZ, *riant.*

Je n'aime que cela.

CATHERINE

Il a beaucoup d'esprit, n'est-ce pas?

LE BANQUIER

Beaucoup. Et il mène fort bien son affaire.

GŒTZ

Quelle affaire?

LE BANQUIER

Depuis trente ans, je me règle sur un principe : c'est que l'intérêt mène le monde. Devant moi, les hommes ont justifié leurs conduites par les motifs les plus nobles. Je les écoutais d'une oreille et je me disais : Cherche l'intérêt.

GŒTZ

Et quand vous l'aviez trouvé?

LE BANQUIER

On causait.

GŒTZ

Avez-vous trouvé le mien?

LE BANQUIER

Voyons!

GŒTZ

Quel est-il?

LE BANQUIER

Doucement. Vous appartenez à une catégorie difficilement maniable. Avec vous, il faut avancer pas à pas.

GŒTZ

Quelle catégorie?

LE BANQUIER

Celle des idéalistes.

GŒTZ

Qu'est-ce que c'est que ça?

LE BANQUIER

Voyez-vous, je divise les hommes en trois caté-
gories : ceux qui ont beaucoup d'argent, ceux qui
n'en ont point du tout et ceux qui en ont un peu.
Les premiers veulent garder ce qu'ils ont : leur intérêt,
c'est de maintenir l'ordre; les seconds veulent prendre
ce qu'ils n'ont pas : leur intérêt, c'est de détruire
l'ordre actuel et d'en établir un autre qui leur soit
profitable. Les uns et les autres sont des réalistes, des
gens avec qui on peut s'entendre. Les troisièmes
veulent renverser l'ordre social pour prendre ce qu'ils
n'ont pas, tout en le conservant pour qu'on ne leur
prenne pas ce qu'ils ont. Alors, ils conservent en fait
ce qu'ils détruisent en idée, ou bien ils détruisent en
fait ce qu'ils font semblant de conserver. Ce sont eux
les idéalistes.

GŒTZ

Les pauvres gens. Comment les guérir?

LE BANQUIER

En les faisant passer dans une autre catégorie
sociale. Si vous les enrichissez, ils défendront l'ordre
établi.

GŒTZ

Enrichissez-moi donc. Qu'est-ce que vous m'offrez?

LE BANQUIER

Les terres de Conrad.

GŒTZ

Vous me les avez déjà données.

LE BANQUIER

En effet. Rappelez-vous seulement que vous les
devez à la bonté de Son Éminence.

GŒTZ

Croyez que je ne l'oublie pas. Ensuite?

LE BANQUIER

Votre frère avait des dettes.

GŒTZ

Le pauvre!

Il se signe. Sanglot nerveux.

contraction spasmodique du diaphragme, produite par la douleur.

LE BANQUIER

Qu'est-ce que c'est?

GŒTZ

Peu de chose : l'esprit de famille. Donc il avait des dettes.

LE BANQUIER

Nous pourrions les payer.

GŒTZ

Ce n'est pas mon intérêt puisque je n'avais pas l'intention de les reconnaître. C'est celui de ses créanciers.

acreedor

LE BANQUIER

Une rente de mille ducats?...

GŒTZ

Et mes soldats? S'ils refusaient de partir les mains vides?

LE BANQUIER

Mille autres ducats à distribuer aux troupes. Est-ce assez?

GŒTZ

C'est trop.

LE BANQUIER

Alors, nous sommes d'accord?

GŒTZ

Non.

LE BANQUIER

Deux mille ducats de rente? Trois mille. Je n'irai pas plus loin.

GŒTZ

Qui vous le demande?

LE BANQUIER

Que voulez-vous donc?

GŒTZ

Prendre la ville et la détruire.

LE BANQUIER

Passe encore de la prendre. Mais sacrebleu, pourquoi vouloir la détruire?

GŒTZ

Parce que tout le monde veut que je l'épargne.

LE BANQUIER, *atterré.*

Il faut que je me sois trompé...

GŒTZ

Eh oui! Tu n'as pas su trouver mon intérêt! Voyons : quel est-il? Cherche! Cherche donc! Mais presse-toi : il faut que tu l'aies trouvé avant une heure; si d'ici là tu n'as pas découvert les ficelles qui font marcher la marionnette, je te ferai promener à travers les rues et tu verras s'allumer un à un les foyers de l'incendie.

LE BANQUIER

Vous trahissez la confiance de l'Archevêque.

GŒTZ

Trahir? Confiance? Vous êtes tous les mêmes, vous

autres, les réalistes : quand vous ne savez plus
que dire, c'est le langage des idéalistes que vous
empruntez.

LE BANQUIER

Si vous rasez la ville, vous n'aurez pas les terres de
Conrad.

GŒTZ

Gardez-les! Mon intérêt, banquier, c'était de les
avoir et d'y vivre. Mais je ne suis pas si sûr que
l'homme agisse par intérêt. Allons, gardez-les et que
Son Éminence se les foute au cul. J'ai sacrifié mon
frère à l'Archevêque et l'on voudrait que j'épargne
vingt mille manants? J'offre les habitants de Worms
aux mânes de Conrad : ils rôtiront en son honneur.
Quant au domaine de Heidenstamm, que l'Archevêque s'y retire, s'il veut, et qu'il se consacre à
l'agriculture : il en aura besoin, car j'entends le
ruiner cette nuit. *(Un temps.)* Frantz! *(Frantz paraît.)*
Prends ce vieux réaliste, veille à ce qu'on lui rende
les honneurs et quand il sera sous sa tente, attache-
lui solidement les mains et les pieds.

LE BANQUIER

Non! non, non, non!

GŒTZ

Quoi donc?

LE BANQUIER

J'ai d'atroces rhumatismes, vos cordes vont m'assassiner. Voulez-vous ma parole de ne pas quitter ma
tente?

GŒTZ

Ta parole? C'est ton intérêt de me la donner, mais
tout à l'heure ce sera ton intérêt de ne pas la tenir.
Va, Frantz, et serre les nœuds bien fort.

Frantz et le Banquier sortent. Aussitôt on

*entend les cris de « Vive le Banquier » tout
proches puis qui vont en s'éloignant et en s'affai-
blissant.*

SCÈNE IV

GŒTZ, CATHERINE, HERMANN, *caché.*

GŒTZ

Vive le banquier! *(Il éclate de rire.)* Adieu les
terres! Adieu les champs et les rivières! Adieu le
château!

CATHERINE, *riant.*

Adieu les terres! Adieu le château! Adieu les
portraits de famille!

GŒTZ

Ne regrette rien! nous nous y serions ennuyés à
mourir. *(Un temps.)* Le vieil imbécile! *(Un temps.)*
Ah! Il ne fallait pas me défier!

CATHERINE

Tu as mal?

GŒTZ

De quoi te mêles-tu? *(Un temps.)* Le Mal, ça doit
faire mal à tout le monde. Et d'abord à celui qui le
fait.

CATHERINE, *timidement.*

Et si tu ne prenais pas la ville?

GŒTZ

Si je ne la prenais pas, tu serais châtelaine.

CATHERINE

Je n'y pensais pas.

GŒTZ

Bien sûr que non. Alors réjouis-toi : je la prendrai.

CATHERINE

Mais pourquoi?

GŒTZ

Parce que c'est mal.

CATHERINE

Et pourquoi faire le Mal?

GŒTZ

Parce que le Bien est déjà fait.

CATHERINE

Qui l'a fait?

GŒTZ

Dieu le Père. Moi, j'invente. *(Il appelle.)* Holà!
Le capitaine Schœne. Tout de suite!

> *Gœtz reste à l'entrée de la tente et regarde
> au-dehors.*

CATHERINE

Qu'est-ce que tu regardes?

GŒTZ

La ville. *(Un temps.)* Je me demande s'il y avait
de la lune.

CATHERINE

Quand? Où?...

GŒTZ

L'an dernier, quand j'allais prendre Halle. C'était
une nuit pareille à celle-ci, je me tenais à l'entrée de
la tente et je regardais le beffroi, au-dessus des
remparts. Au matin, nous avons donné l'assaut. *(Il*

revient vers elle.) En tout cas, je foutrai le camp avant que ça ne pue. A cheval et bonjour.

CATHERINE

Tu... t'en vas?

GŒTZ

Demain, avant midi, et sans prévenir personne.

CATHERINE

Et moi?

GŒTZ

Toi? Bouche-toi le nez et souhaite que le vent ne souffle pas de ce côté-ci. *(Entre le capitaine.)* Deux mille hommes en armes : les régiments de Wolfmar et d'Ulrich. Qu'ils soient prêts à me suivre dans une demi-heure. Le reste de l'armée en état d'alerte. Faites tout dans le noir et sans bruit. *(Le capitaine sort. Jusqu'à la fin de l'acte, on entendra les bruits étouffés des préparatifs.)* Donc, mignonne, tu ne seras pas châtelaine.

CATHERINE

J'en ai peur.

GŒTZ

Es-tu bien déçue?

CATHERINE

Je n'y croyais guère.

GŒTZ

Pourquoi?

CATHERINE

Parce que je te connais.

GŒTZ, *violemment.*

Toi, tu me connais? *(Il s'arrête et rit.)* Après tout,

moi aussi, je dois être prévisible. *(Un temps.)* Tu
dois t'être fait tes petites idées sur la manière de me
prendre : tu m'observes, tu me regardes...

CATHERINE

Un chien regarde bien un évêque.

GŒTZ

Oui, mais il voit un évêque à tête de chien. J'ai
une tête de quoi? De chien? De maquereau? De
morue? *(Il la regarde.)* Viens sur le lit.

CATHERINE

Non.

GŒTZ

Viens, te dis-je, je veux faire l'amour.

CATHERINE

Je ne t'ai jamais vu si pressant. *(Il la prend par
l'épaule.)* Ni si pressé. Qu'as-tu?

GŒTZ

C'est le Gœtz à tête de morue qui me fait signe.
Lui et moi, on veut se mélanger. Et puis l'angoisse
porte à l'amour.

CATHERINE

Tu as de l'angoisse?

GŒTZ

Oui. *(Il remonte, s'assied sur le lit, tournant le dos
à l'officier caché.)* Allons! Viens!

> *Catherine va à lui et le tire vivement. Elle
> s'assied à sa place.*

CATHERINE

Je viens, oui, je suis à toi. Mais dis-moi d'abord ce
que je vais devenir?

GŒTZ

Quand?

CATHERINE

A partir de demain.

GŒTZ

Que veux-tu que j'en sache! Ce que tu voudras.

CATHERINE

C'est-à-dire : catin.

GŒTZ

Eh bien, ça me paraît la meilleure solution, non?

CATHERINE

Si ça ne me plaît pas?

GŒTZ

Trouve un couillon qui t'épouse.

CATHERINE

Que vas-tu faire, toi?

GŒTZ

Rempiler. On dit que les Hussites sont nerveux; j'irai cogner dessus.

CATHERINE

Emmène-moi.

GŒTZ

Pour quoi faire?

CATHERINE

Il y a des jours où tu auras besoin d'une femme; quand il y aura clair de lune et qu'il te faudra prendre une ville, et que tu auras l'angoisse et que tu te sentiras amoureux.

GŒTZ

Toutes les femmes sont pareilles. Mes hommes m'en rapporteront par douzaines si l'envie m'en prend.

CATHERINE, *brusquement.*

Je ne veux pas!

GŒTZ

Tu ne veux pas?

CATHERINE

Je peux être vingt femmes, cent, si ça te plaît, toutes les femmes. Prends-moi en croupe, je ne pèse rien, ton cheval ne me sentira pas. Je veux être ton bordel!

Elle se serre contre lui.

GŒTZ

Qu'est-ce qui te prend? *(Un temps. Il la regarde. Brusquement.)* Va-t'en. J'ai honte pour toi.

CATHERINE, *suppliante.*

Gœtz!

GŒTZ

Je ne supporterai pas que tu me regardes avec ces yeux. Il faut que tu sois une fière saloperie pour oser m'aimer après tout ce que je t'ai fait.

CATHERINE, *criant.*

Je ne t'aime pas! Je te jure! Et si je t'aimais, tu ne le saurais jamais! Et qu'est-ce que ça peut te faire qu'on t'aime si on ne te le dit pas!

GŒTZ

Qu'ai-je à faire d'être aimé? Si tu m'aimes, c'est toi qui auras tout le plaisir. Va-t'en, salope! Je ne veux pas qu'on profite de moi.

CATHERINE, *criant.*

Gœtz! Gœtz! ne me chasse pas! Je n'ai plus personne au monde!

> *Gœtz cherche à la jeter hors de la tente. Elle se cramponne à ses mains.*

GŒTZ

T'en iras-tu?

CATHERINE

Tu l'auras voulu, Gœtz! Tu l'auras voulu. *(Hermann sort de sa cachette et se précipite, le couteau levé.)* Ah! prends garde!

GŒTZ, *se retourne et saisit Hermann par le poignet.*

Frantz! *(Des soldats entrent. Il rit.)* J'aurai tout de même réussi à en pousser un à bout.

HERMANN, *à Catherine.*

Ordure! Donneuse!

GŒTZ, *à Catherine.*

Tu étais complice? J'aime mieux ça : j'aime beaucoup mieux ça! *(Il lui caresse le menton.)* Emmenezle... Je déciderai de son sort tout à l'heure.

> *Les soldats sortent en emmenant Hermann. Un temps.*

CATHERINE

Que vas-tu lui faire?

GŒTZ

Je ne peux pas en vouloir aux gens qui cherchent à me tuer. Je les comprends trop bien. Je le ferai mettre en perce, tout simplement, comme un gros tonneau qu'il est.

CATHERINE

Et à moi, que feras-tu?

GŒTZ

C'est vrai qu'il faut que je te punisse.

CATHERINE

Tu n'y es pas obligé.

GŒTZ

Si. *(Un temps.)* Il y a beaucoup de mes soldats
qui ont la gorge sèche quand ils te voient passer.
Je vais leur faire cadeau de toi. Après, si tu vis,
nous choisirons quelque reître bien borgne et bien
vérolé et le curé de Worms vous mariera. *tuerto*

vérole = sífilis

CATHERINE

Je ne te crois pas.

GŒTZ

Non?

CATHERINE

Non. Tu n'es pas... Tu ne le feras pas. J'en suis
sûre. J'en suis sûre!

GŒTZ

Je ne le ferai pas? *(Il appelle.)* Frantz! Frantz!
(Entrent Frantz et deux soldats.) Occupe-toi de la
mariée, Frantz!

FRANTZ

Quelle mariée?

GŒTZ

Catherine. Tu la marieras d'abord à tous, en
grande cérémonie, ensuite...

SCÈNE V

LES MÊMES, NASTY.

Nasty entre, va à lui et le frappe sur l'oreille.

GŒTZ

Hé là, rustre, que fais-tu?

NASTY

Je te frappe sur l'oreille.

GŒTZ

Je l'ai senti. *(En le maintenant.)* Qui es-tu?

NASTY

Nasty le boulanger.

GŒTZ, *aux soldats.*

Est-ce Nasty?

LES SOLDATS

Oui, c'est lui.

GŒTZ

Bonne prise, par ma foi.

NASTY

Tu ne m'as pas pris, je me suis livré.

GŒTZ

Si tu veux : le résultat est le même. Dieu me
comble de ses cadeaux aujourd'hui. *(Il le regarde.)*
Voilà donc Nasty, Seigneur de tous les gueux d'Allemagne. Tu es tel que je l'imaginais : décourageant
comme la vertu.

NASTY

Je ne suis pas vertueux. Nos fils le seront si nous

versons assez de sang pour leur donner le droit de
l'être.

GŒTZ

Je vois : tu es prophète!

NASTY

Comme tout le monde.

GŒTZ

Vraiment? Alors, je suis prophète, moi aussi?

NASTY

Toute parole témoigne de Dieu; toute parole dit
sur toute chose.

GŒTZ

Foutre! Il faudra que je surveille ce que je dis.

NASTY

A quoi bon? Tu ne pourras pas t'empêcher de tout
dire.

GŒTZ

Bon. Eh bien, toi, réponds à mes questions et
tâche de ne pas dire tout à fait tout, sinon nous n'en
finirons pas. Donc, tu es Nasty, prophète et boulanger.

NASTY

Oui, je le suis.

GŒTZ

On te disait dans Worms.

NASTY

J'en suis sorti.

GŒTZ

Cette nuit?

NASTY

Oui.

GŒTZ

Pour me parler?

NASTY

Pour chercher des renforts et t'attaquer par-derrière.

GŒTZ

Excellente idée : qu'est-ce qui t'a fait changer d'avis?

NASTY

En traversant le camp, j'ai appris qu'un traître vous avait livré la ville.

GŒTZ

Tu as dû passer un sale quart d'heure?

NASTY

Oui. Très sale.

GŒTZ

Alors?

NASTY

J'étais assis sur une pierre derrière la tente. J'ai vu la tente s'éclairer un peu et des ombres s'agiter. A ce moment-là, j'ai reçu mandat d'aller à toi et de te parler.

GŒTZ

Qui t'a donné ce mandat?

NASTY

Qui veux-tu que ce soit?

GŒTZ

En effet, qui? Heureux homme : tu as des mandats

et tu sais qui t'a mandaté. Moi aussi j'en ai, figure-
toi — tiens, celui de brûler Worms. Mais je n'arrive
pas à savoir qui me les a donnés. *(Un temps.)* Est-ce
Dieu qui t'a commandé de me frapper sur l'oreille?

NASTY

Oui.

GŒTZ

Pourquoi?

NASTY

Je ne sais pas. Peut-être pour décoller la cire qui
te bouche l'ouïe.

GŒTZ

Ta tête est mise à prix. Est-ce que Dieu t'en a
prévenu?

NASTY

Dieu n'avait pas besoin de me prévenir. J'ai
toujours su comment je finirais.

GŒTZ

Il est vrai que tu es prophète.

NASTY

Pas besoin d'être prophète : nous autres, nous
n'avons que deux manières de mourir. Ceux qui se
résignent meurent de faim, ceux qui ne se résignent
pas sont pendus. A douze ans, tu sais déjà si tu te
résignes ou non.

GŒTZ

Parfait. Eh bien, jette-toi vite à mes genoux.

NASTY

Pour quoi faire?

GŒTZ

Pour implorer ma pitié, je suppose. Est-ce que
Dieu ne te l'a pas commandé?

Frantz lui met ses bottes.

NASTY

Non : tu n'as pas de pitié, Dieu non plus. Et
pourquoi t'implorerais-je, moi qui, le jour venu,
n'aurai de pitié pour personne?

GŒTZ, *se relevant.*

Alors, qu'est-ce que tu viens foutre ici?

NASTY

T'ouvrir les yeux, mon frère.

GŒTZ

Oh! nuit merveilleuse, tout bouge, Dieu marche
sur la terre, ma tente est un ciel rempli d'étoiles
filantes et voici la plus belle : Nasty, prophète de
la boulange, qui vient m'ouvrir les yeux. Qui aurait
cru que le ciel et la terre feraient tant d'embarras
pour une ville de vingt-cinq mille âmes? Au fait,
boulanger, qui te prouve que tu n'es pas la victime
du Diable?

NASTY

Quand le soleil t'éblouit, qui te prouve qu'il ne
fait pas nuit?

GŒTZ

La nuit, quand tu rêves au soleil, qui te prouve
qu'il fait jour? Et si j'avais vu Dieu, moi aussi?
Hein? Ah! ce serait soleil contre soleil. *(Un temps.)*
Je les ai tous dans mes mains, tous : celle-ci qui
voulait m'assassiner, l'envoyé de l'Archevêque et
toi, le roi des gueux; son index a défait un complot
et démasqué les coupables; mieux, c'est un de ses
ministres qui m'a porté, de sa part, les clés de la
ville.

NASTY, *d'une voix changée, impérative et brève.*

Un de ses ministres? Lequel?

GŒTZ

Que t'importe puisque tu vas mourir. Allons,
avoue que Dieu est avec moi.

NASTY

Avec toi? Non. Tu n'es pas l'homme de Dieu.
Tout au plus son frelon.

GŒTZ

Qu'en sais-tu?

NASTY

Les hommes de Dieu détruisent ou construisent
et toi tu conserves.

GŒTZ

Moi?

NASTY

Tu mets du désordre. Et le désordre est le meilleur serviteur de l'ordre établi. Tu as affaibli la che-
valerie entière en trahissant Conrad et tu affaibliras
la bourgeoisie en détruisant Worms. A qui cela
profite-t-il? Aux grands. Tu sers les grands, Gœtz,
et tu les serviras quoi que tu fasses : toute destruction brouillonne, affaiblit les faibles, enrichit les
riches, accroît la puissance des puissants.

GŒTZ

Donc, je fais le contraire de ce que je veux?
(Avec ironie.) Heureusement, Dieu t'a envoyé pour
m'éclairer. Que me proposes-tu?

NASTY

Une alliance nouvelle.

GŒTZ

Oh! Une nouvelle trahison? Que c'est gentil : de

ça, au moins, j'ai l'habitude, ça ne me changera pas
beaucoup. Mais si je ne dois faire alliance ni avec les
bourgeois ni avec les chevaliers ni avec les princes,
je ne vois pas très bien à qui je dois m'allier.

NASTY

Prends la ville, massacre les riches et les prêtres,
donne-la aux pauvres, lève une armée de paysans
et chasse l'Archevêque; demain, tout le pays marche
avec toi.

GŒTZ, *stupéfait.*

Tu veux que je m'allie aux pauvres?

NASTY

Aux pauvres, oui! A la plèbe des villes et des campagnes.

GŒTZ

L'étrange proposition!

NASTY

Ce sont tes alliés naturels. Si tu veux détruire pour
de bon, raser les palais et les cathédrales édifiés par
Satan, briser les statues obscènes des païens, brûler
les milliers de livres qui propagent un savoir diabolique, supprimer l'or et l'argent, viens à nous. Sans
nous, tu tournes en rond, tu ne fais de mal qu'à toi-
même. Avec nous, tu seras le fléau de Dieu.

GŒTZ

Que ferez-vous des bourgeois?

NASTY

Nous leur prendrons leurs biens, pour vêtir ceux
qui sont nus et nourrir ceux qui ont faim.

GŒTZ

Des prêtres?

NASTY

Nous les renverrons à Rome.

GŒTZ

Et des nobles?

NASTY

Nous leur trancherons la tête.

GŒTZ

Et quand nous aurons chassé l'Archevêque?

NASTY

Il sera temps de bâtir la cité de Dieu.

GŒTZ

Sur quelles bases?

NASTY

Tous les hommes sont égaux et frères, tous sont
en Dieu et Dieu est en tous; le Saint-Esprit parle
par toutes les bouches, tous les hommes sont prêtres
et prophètes, chacun peut baptiser, marier, annoncer
la bonne nouvelle et remettre les péchés; chacun vit
publiquement sur terre à la face de tous et solitai-
rement dans son âme en face de Dieu.

GŒTZ

On ne rira pas tous les jours dans votre cité.

NASTY

Peut-on rire de ceux qu'on aime? La loi sera
l'Amour.

GŒTZ

Que serai-je là-dedans, moi?

NASTY

L'égal de tous.

GŒTZ

Et s'il ne me plaît pas d'être votre égal?

NASTY

L'égal de tous les hommes ou le valet de tous les
princes : choisis.

GŒTZ

Ta proposition est honnête, boulanger. Seulement
voilà : les pauvres me font mourir d'ennui; ils ont
horreur de tout ce qui me plaît.

NASTY

Qu'est-ce donc qui te plaît?

GŒTZ

Tout ce que vous voulez détruire : les statues, le
luxe, la guerre.

NASTY

La lune n'est pas à toi, bonne dupe, et tu te bats
pour que les nobles puissent en jouir.

GŒTZ, *profondément et sincèrement.*

Mais j'aime les nobles.

NASTY

Toi? Tu les assassines.

GŒTZ

Bah! Je les assassine un petit peu, de temps en
temps, parce que leurs femmes sont fécondes et
qu'elles en font dix pour un que je tue. Mais je ne
veux pas que vous me les pendiez tous. Pourquoi
vous aiderais-je à souffler le soleil et tous les flam-
beaux terrestres? Ce serait la nuit polaire.

NASTY

Tu continueras donc à n'être qu'un vacarme inutile?

GŒTZ

Inutile, oui. Inutile aux hommes. Mais que me
font les hommes? Dieu m'entend, c'est à Dieu que
je casse les oreilles et ça me suffit, car c'est le seul
ennemi qui soit digne de moi. Il y a Dieu, moi et
les fantômes. C'est Dieu que je crucifierai cette nuit,
sur toi et sur vingt mille hommes parce que sa souffrance est infinie et qu'elle rend infini celui qui le
fait souffrir. Cette ville va flamber. Dieu le sait. En
ce moment il a peur, je le sens; je sens son regard sur
mes mains, je sens son souffle sur mes cheveux, ses
anges pleurent. Il se dit « Gœtz n'osera peut-être
pas » — tout comme s'il n'était qu'un homme. Pleurez, pleurez les anges : j'oserai. Tout à l'heure, je
marcherai dans sa peur et dans sa colère. Elle flam-
bera : l'âme du Seigneur est une galerie de glaces,
le feu s'y reflétera dans des millions de miroirs. Alors,
je saurai que je suis un monstre tout à fait pur. *(A
Frantz.)* Mon ceinturon.

NASTY, *d'une voix changée.*

Épargne les pauvres. L'Archevêque est riche, tu
peux te divertir à le ruiner, mais les pauvres, Gœtz,
ça n'est pas drôle de les faire souffrir.

GŒTZ

Oh! non, ce n'est pas drôle.

NASTY

Alors?

GŒTZ

J'ai mon mandat, moi aussi.

NASTY

Je t'en supplie à genoux.

GŒTZ

Je croyais qu'il t'était défendu de supplier?

NASTY

Rien n'est défendu s'il s'agit de sauver des hommes.

GŒTZ

Il me semble, prophète, que Dieu t'a fait tomber dans un guet-apens. *(Nasty hausse les épaules.)* Tu sais ce qui va t'arriver?

NASTY

Torture et pendaison, oui. Je te dis que je l'ai toujours su.

GŒTZ

Torture et pendaison... Torture et pendaison... que c'est monotone. L'ennui avec le Mal, c'est qu'on s'y habitue, il faut du génie pour inventer. Cette nuit, je ne me sens guère inspiré.

CATHERINE

Donne-lui un confesseur.

GŒTZ

Un...

CATHERINE

Tu ne peux pas le laisser mourir sans une absolution.

GŒTZ

Nasty! Voilà le génie. Bien sûr, brave homme, je vais te donner un confesseur! C'est mon devoir de chrétien. Et puis je te réserve une surprise. *(A Frantz.)* Va me chercher le prêtre... *(A Nasty.)* Voilà un acte comme je les aime : à facettes. Est-il bon? Est-il mauvais? La raison s'y perd.

NASTY

Un Romain ne me souillera pas.

GŒTZ

On te torturera jusqu'à ce que tu te confesses, c'est pour ton Bien.

Entre Heinrich.

SCÈNE VI

LES MÊMES, HEINRICH.

HEINRICH

Tu m'as fait tout le mal que tu pouvais. Laisse-moi.

GŒTZ

Que faisait-il?

FRANTZ

Il était assis dans le noir et remuait la tête.

HEINRICH

Qu'est-ce que tu me veux?

GŒTZ

Te faire travailler de ton métier. Cette femme, il faut la marier tout de suite. Quant à celui-ci, tu lui donneras les derniers sacrements.

HEINRICH

Celui-ci?... *(Il voit Nasty.)* Ah!...

GŒTZ, *feignant d'être étonné.*

Vous vous connaissez?

NASTY

Voilà donc le ministre de Dieu qui t'a donné cette clé?

HEINRICH

Non! Non, non!

GŒTZ

Curé, tu n'as pas honte de mentir?

HEINRICH

Nasty! *(Nasty ne le regarde même pas.)* Je ne pouvais pas laisser massacrer les prêtres. *(Nasty ne répond pas. Heinrich s'approche de lui.)* Dis, pouvais-je les laisser massacrer? *(Un temps. Il se détourne et va vers Gœtz.)* Eh bien? Pourquoi faut-il que je le confesse?

GŒTZ

Parce qu'on va le pendre.

HEINRICH

Vite, alors, vite! Pendez-le vite! Et pour le confesser, trouvez-en un autre.

GŒTZ

Ce sera toi ou personne.

HEINRICH

Ce sera donc personne.

Il va pour sortir.

GŒTZ

Hep! Hep! *(Heinrich s'arrête.)* Peux-tu le laisser mourir sans confession?

HEINRICH, *revenant lentement sur ses pas.*

Non, bouffon, non; tu as raison : je ne peux pas. *(A Nasty.)* Agenouille-toi. *(Un temps.)* Tu ne veux pas? Frère, ma faute ne rejaillit pas sur l'Église et c'est au nom de l'Église que je te remettrai tes péchés! Veux-tu que je me confesse publiquement? *(A tous.)* J'ai livré ma ville au massacre par malice

et rancœur; je mérite le mépris de tous. Crache-moi
au visage et n'en parlons plus. *(Nasty ne bouge pas.)*
Toi, le soldat, crache!

FRANTZ, égayé, à Gœlz.

Cracherai-je?

GŒTZ, débonnaire.

Crache, mon enfant, prends du bon temps.

Frantz crache.

HEINRICH

Voilà qui est fait. Heinrich est mort de honte.
Reste le prêtre. Un prêtre quelconque : c'est devant
lui que tu dois t'agenouiller. *(Après un instant d'attente, il le frappe brusquement.)* Assassin! Il faut que
je sois fou pour m'humilier devant toi quand tout
est arrivé par ta faute!

NASTY

Par ma faute?

HEINRICH

Oui! Oui! Par ta faute. Tu as voulu jouer les prophètes et te voilà vaincu, captif, bon à pendre et
tous ceux qui t'ont fait confiance vont mourir. Tous!
Tous! Ha! Ha! Tu prétendais savoir aimer les pauvres
et que moi je ne le savais pas; eh bien, vois : tu leur
as fait plus de mal que moi.

NASTY

Plus que toi, fumier! *(Il se jette sur Heinrich. On
les sépare.)* Qui a trahi? Toi ou moi?

HEINRICH

Moi! Moi! Moi! Mais je ne l'aurais jamais fait si
tu n'avais assassiné l'Évêque.

NASTY

Dieu m'a commandé de le frapper parce qu'il
affamait les pauvres.

HEINRICH

Dieu, vraiment? Comme c'est simple : alors Dieu m'a commandé de trahir les pauvres parce qu'ils voulaient massacrer les moines!

NASTY

Dieu ne *peut pas* commander de trahir les pauvres : il est avec eux.

HEINRICH

S'il est avec eux, d'où vient que leurs récoltes aient toujours échoué? D'où vient qu'il ait permis aujourd'hui encore que ta révolte à toi finisse dans le désespoir? Allons, réponds! Réponds! Réponds donc! Tu ne peux pas?

GŒTZ

Voici. Voici le moment. Voici l'angoisse et la sueur de sang. Va! Va! l'angoisse est bonne. Comme ton visage est doux : je le regarde et je sens que vingt mille hommes vont mourir. Je t'aime. *(Il l'embrasse sur la bouche.)* Allons, frère, tout n'est pas dit : j'ai décidé de prendre Worms, mais si Dieu est avec toi, quelque chose peut arriver qui m'en empêchera.

NASTY, *sourdement, avec conviction.*

Quelque chose arrivera.

HEINRICH, *criant.*

Rien! Rien du tout! Rien n'arrivera. Ce serait trop injuste. Si Dieu avait dû faire un miracle, pourquoi ne l'aurait-il pas fait avant que je ne trahisse? Pourquoi m'a-t-il perdu s'il te sauve?

Entre un officier. Tous sursautent.

L'OFFICIER

Tout est prêt. Les soldats sont rangés sur le bord du ravin, derrière les chariots.

GŒTZ

Déjà! *(Un temps.)* Va dire au capitaine Ulrich que
j'arrive.

> *L'officier sort. Gœtz se laisse tomber sur une
> chaise.*

CATHERINE

Voilà ton miracle, mon mignon. *(Gœtz se passe la
main sur le visage.)* Va! Pille et massacre! Bonsoir.

GŒTZ, *avec une lassitude
qui se changera progressivement en exaltation factice.*

C'est le moment des adieux. Quand je reviendrai,
j'aurai du sang partout et ma tente sera vide. Dommage, je m'étais habitué à vous. *(A Nasty et Heinrich.)* Vous passerez la nuit ensemble comme une
paire d'amoureux. *(A Heinrich.)* Veille à lui tenir
la main bien doucement pendant qu'on le tenaillera.
(A Frantz, désignant Nasty.) S'il accepte de se
confesser, arrêtez la torture aussitôt; dès qu'il sera
absous, pendez-le. *(Comme s'il venait de se rappeler
l'existence de Catherine.)* Ah! la mariée! Frantz, tu
iras quérir les valets d'écurie et tu les présenteras
à Madame. Qu'ils fassent d'elle ce qu'ils veulent,
sauf la tuer.

CATHERINE, *brusquement se jette à ses genoux.*

Gœtz! Pitié! Pas ça! Pas cette horreur! Pitié!

GŒTZ, *recule avec étonnement.*

Tu crânais si bien tout à l'heure... Tu n'y croyais
pas?

CATHERINE

Non, Gœtz, je n'y croyais pas.

GŒTZ

Dans le fond, je n'y croyais pas moi-même. Le
Mal, on y croit *après*. *(Elle lui embrasse les genoux.)*

Frantz, délivre-moi d'elle. *(Frantz la prend et la
jette sur le lit.)* Voilà. Voilà. Je n'oublie rien... Non!
Je crois que c'est tout. *(Un temps.)* Toujours pas
de miracle : je commence à croire que Dieu me
laisse carte blanche. Merci, mon Dieu, merci beaucoup. Merci pour les femmes violées, merci pour les
enfants empalés, merci pour les hommes décapités.
(Un temps.) Si je voulais parler! J'en sais long, va,
sale hypocrite. Tiens, Nasty, je vais te casser le
morceau : *Dieu se sert de moi.* Tu as vu, cette nuit :
eh bien, il m'a fait relancer par ses anges.

HEINRICH

Ses anges?

GŒTZ

Vous tous. Catherine est très certainement un
ange. Toi aussi, le banquier aussi. *(Revenant à Nasty.)*
Et cette clé? Est-ce que je la lui demandais, moi,
cette clé? Je n'en soupçonnais pas même l'existence :
mais il a fallu qu'il charge un de ses curés de me la
mettre dans la main. Tu sais ce qu'il veut, naturellement : que je lui sauve sa prêtraille et ses
nonnes. Alors il me tente, en douce, il fait naître
des occasions sans se compromettre. Si je suis pris,
il aura le droit de me désavouer : après tout, je
pouvais lancer la clé dans le ravin.

NASTY

Eh bien, oui, tu le pouvais, tu le peux encore.

GŒTZ

Voyons mon ange : tu sais bien que je ne le peux
pas.

NASTY

Pourquoi pas?

GŒTZ

Parce que je ne peux pas être un autre que moi.

Allons, je vais prendre un bon petit bain de sang
pour lui rendre service. Mais quand ce sera fini, il va
encore se boucher le nez et crier qu'il n'avait pas
voulu cela. Tu ne le veux pas, Seigneur, vraiment?
Alors il est encore temps d'empêcher. Je ne réclame
pas que le ciel me tombe sur la tête; un crachat
suffira : je glisse dessus, je me romps la cuisse, fini
pour aujourd'hui. Non? Bon, bon. Je n'insiste pas.
Tiens, Nasty, regarde cette clé : c'est bon, une clé,
c'est utile. Et des mains, donc! C'est du bel ouvrage :
il faut' louer Dieu de nous en avoir donné. Alors une
clé dans une main, ça ne peut pas être mauvais :
louons Dieu pour toutes les mains qui tiennent des
clés en cet instant dans toutes les contrées du monde.
Mais quant à ce que la main fait de la clé, le Seigneur
décline toute responsabilité, ça ne le regarde plus, le
pauvre. Oui, Seigneur, vous êtes l'innocence même :
comment concevriez-vous le Néant, vous qui êtes la
plénitude? Votre regard est lumière et change tout
en lumière : comment connaîtriez-vous le demi-jour
de mon cœur? Et votre entendement infini, comment
pourrait-il entrer dans mes raisons sans les faire
éclater? Haine et faiblesse, violence, mort, déplaisir,
c'est ce qui vient de l'homme seul; c'est mon seul
empire et je suis seul dedans : ce qui s'y passe n'est
imputable qu'à moi. Va, va, je prends tout sur moi
et je ne dirai rien. Au jour du jugement, motus,
bouche cousue, j'ai trop de fierté, je me laisserai
condamner sans piper mot. Mais ça ne te gêne pas
un peu, un tout petit peu d'avoir damné ton homme
de main? J'y vais, j'y vais : les soldats attendent,
la bonne clé m'entraîne, elle veut retrouver sa serrure natale. *(A la sortie, il se retourne.)* Connaissez-
vous mon pareil? Je suis l'homme qui met le Tout-
Puissant mal à l'aise. En moi, Dieu prend horreur
de lui-même! Il y a vingt mille nobles, trente arche-
vêques, quinze rois, on a vu trois empereurs à la
fois, un pape et un anti-pape, mais citez-moi un
autre Gœtz? Quelquefois, j'imagine l'Enfer comme
un désert qui n'attend que moi. Adieu. *(Il va pour*

sortir. Heinrich éclate de rire.) Qu'est-ce qu'il y a?

HEINRICH

L'enfer est une foire, imbécile! *(Gœtz s'arrête et le regarde. Aux autres.)* Voici le visionnaire le plus étrange : l'homme qui se croit seul à faire le Mal. Chaque nuit la terre d'Allemagne est éclairée par des torches vivantes; cette nuit comme toutes les nuits, les villes flambent par douzaines et les capitaines qui les saccagent ne font pas tant d'histoires. Ils tuent, les jours ouvrables et, le dimanche, ils se confessent, modestement. Mais celui-ci se prend pour le Diable en personne parce qu'il accomplit son devoir de soldat. *(A Gœtz.)* Si tu es le Diable, bouffon, qui suis-je, moi qui prétendais aimer les misérables et qui te les livre?

> *Gœtz le regarde un peu fasciné pendant toute la réplique. A la fin, il se secoue.*

GŒTZ

Qu'est-ce que tu réclames? Le droit d'être damné? Je te l'accorde. L'Enfer est assez grand pour que je ne t'y rencontre pas.

HEINRICH

Et les autres?

GŒTZ

Quels autres?

HEINRICH

Tous les autres. Tous n'ont pas la chance de tuer, mais tous en ont envie.

GŒTZ

Ma méchanceté n'est pas la leur : ils font le Mal par luxure ou par intérêt : moi je fais le Mal pour le Mal.

HEINRICH

Qu'importent les raisons s'il est établi qu'on ne peut faire que le Mal.

GŒTZ

Est-ce établi?

HEINRICH

Oui, bouffon, c'est établi.

GŒTZ

Par qui?

HEINRICH

Par Dieu lui-même. Dieu a voulu que le Bien fût impossible sur terre.

GŒTZ

Impossible?

HEINRICH

Tout à fait impossible : impossible l'Amour! Impossible la Justice! Essaie donc d'aimer ton prochain, tu m'en diras des nouvelles.

GŒTZ

Et pourquoi ne l'aimerais-je pas, si c'était mon caprice?

HEINRICH

Parce qu'il suffit qu'un seul homme en haïsse un autre pour que la haine gagne de proche en proche l'humanité entière.

GŒTZ, *enchaînant*.

Celui-ci aimait les pauvres.

HEINRICH

Il leur mentait sciemment, il excitait leurs passions les plus basses, il les a contraints d'assassiner

un vieillard. *(Un temps.)* Que pouvais-je faire, moi?
Hein, que pouvais-je faire? J'étais innocent et le
crime a sauté sur moi comme un voleur. Où était le
bien, bâtard? Où était-il? Où était le moindre mal?
(Un temps.) Tu prends beaucoup de peine pour
rien, fanfaron de vice! Si tu veux mériter l'Enfer, il
suffit que tu restes dans ton lit. Le monde est iniquité;
si tu l'acceptes, tu es complice, si tu le changes, tu
es bourreau. *(Riant.)* Ha! la terre pue jusqu'aux
étoiles.

GŒTZ

Alors, tous damnés?

HEINRICH

Ah non! pas tous! *(Un temps.)* J'ai la foi, mon
Dieu, j'ai la foi. Je ne commettrai pas le péché de
désespoir : je suis infecté jusqu'aux moelles, mais je
sais que tu me sauveras si tu l'as décidé. *(A Gœtz.)*
Nous sommes tous également coupables, bâtard, nous
méritons tous également l'Enfer, mais Dieu pardonne
quand il lui plaît de pardonner.

GŒTZ

Il ne me pardonnera pas malgré moi.

HEINRICH

Misérable fétu, comment peux-tu lutter contre
sa miséricorde? Comment lasseras-tu son infinie
patience? Il te prendra entre ses doigts s'il lui plaît,
pour t'enlever jusqu'à son paradis; il cassera d'un
coup de pouce ta volonté mauvaise, il t'ouvrira les
mâchoires, il te gavera de sa bienveillance et tu
te sentiras devenir bon malgré toi. Va! Va brûler
Worms, va saccager, va égorger; tu perds ton temps
et ta peine : un de ces jours, tu te retrouveras au
purgatoire comme tout le monde.

GŒTZ

Donc tout le monde fait le Mal?

HEINRICH

Tout le monde.

GŒTZ

Et personne n'a jamais fait le Bien?

[annotation manuscrite : il commence à devenir plus faible]

HEINRICH

Personne.

GŒTZ

Parfait. *(Il rentre sous la tente.)* Moi, je te parie
de le faire.

[annotation manuscrite : ajouter]

HEINRICH

De faire quoi?

GŒTZ

Le Bien. Tiens-tu le pari?

HEINRICH, *haussant les épaules.*

Non, bâtard, je ne parie rien du tout.

GŒTZ

Tu as tort; tu m'apprends que le Bien est impossible, je parie donc que je ferai le Bien : c'est encore
la meilleure manière d'être seul. J'étais criminel, je
me change : je retourne ma veste et je parie d'être
un saint.

[annotation manuscrite : de la solitude du mal à la solitude du bien]

HEINRICH

Qui en jugera?

GŒTZ

Toi, dans un an et un jour. Tu n'as qu'à parier.

HEINRICH

Si tu paries, tu as perdu d'avance, imbécile! Tu
feras le Bien pour gagner un pari.

GŒTZ

Juste! Eh bien, jouons aux dés. Si je gagne, c'est

le Mal qui triomphe... Si je perds... Ah! si je perds,
je ne me doute même pas de ce que je ferai. Eh bien?
Qui joue contre moi? Nasty!

NASTY

Non.

GŒTZ

Pourquoi pas?

NASTY

C'est mal.

GŒTZ

Eh bien, oui, c'est mal. Qu'est-ce que tu t'ima-
gines? Voyons, boulanger, je suis encore méchant.

NASTY

Si tu veux faire le Bien, tu n'as qu'à décider de le
faire, tout simplement.

GŒTZ

Je veux mettre le Seigneur au pied du mur. Cette
fois, c'est oui ou c'est non : s'il me fait gagner, la ville
flambe, et ses responsabilités sont bien établies.
Allons, joue : si Dieu est avec toi, tu ne dois pas
avoir peur. Tu n'oses pas, lâche! Tu préfères être
pendu? Qui osera?

CATHERINE

Moi!

GŒTZ

Toi, Catherine? *(Il la regarde.)* Pourquoi pas? *(Il
lui donne les dés.)* Joue.

CATHERINE, *jouant.*

Deux et un. *(Elle frissonne.)* Tu auras du mal à
perdre.

GŒTZ

Qui vous dit que je souhaite perdre? *(Il met les dés dans le cornet.)* Seigneur, vous êtes coincé. Le moment est venu d'abattre votre jeu.

Il joue.

CATHERINE

Un et un... Tu as perdu!

GŒTZ

Je me conformerai donc à la volonté de Dieu. Adieu, Catherine.

CATHERINE

Embrasse-moi. *(Il l'embrasse.)* Adieu, Gœtz.

GŒTZ

Prends cette bourse et va où tu veux. *(A Frantz.)* Frantz, va dire au capitaine Ulrich qu'il envoie les soldats se coucher. Toi, Nasty, rentre dans la ville, il est encore temps d'arrêter la meute. Si vous ouvrez les portes dès l'aube, si les prêtres sortent de Worms sains et saufs et viennent se placer sous ma garde, je lèverai le siège à midi.
D'accord?

NASTY

D'accord.

GŒTZ

As-tu retrouvé ta foi, prophète?

NASTY

Je ne l'avais jamais perdue.

GŒTZ

Veinard! qui a de la chance

HEINRICH

Tu leur rends la liberté, tu leur rends la vie et

l'espoir. Mais à moi, chien, à moi que tu as contraint de trahir, rendras-tu la pureté?

GŒTZ

C'est affaire à toi de la retrouver. Après tout, il n'y a pas eu grand mal de fait.

HEINRICH

Qu'importe ce qui a été fait! C'est mon intention qui comptait. Je te suivrai, va, je te suivrai, pas à pas, nuit et jour; compte sur moi pour peser tes actes. Et tu peux être tranquille, dans un an et un jour, où que tu ailles, je serai au rendez-vous.

GŒTZ

Voici l'aube. Comme elle est froide. L'aube et le Bien sont entrés sous ma tente et nous ne sommes pas plus gais : celle-ci sanglote, celui-ci me hait : on se croirait au lendemain d'une catastrophe. Peut-être que le Bien est désespérant... Peu m'importe, d'ailleurs, je n'ai pas à le juger, mais à le faire. Adieu.

Il sort. Catherine éclate de rire.

CATHERINE, *riant aux larmes.*

Il a triché! Je l'ai vu, je l'ai vu, il a triché pour perdre!

RIDEAU

ACTE II

QUATRIÈME TABLEAU

SCÈNE I

KARL, DEUX PAYSANS.

[marginal note: parler beaucoup et fort haut, crier]

PREMIER PAYSAN

Ça gueule dur, là-dedans.

KARL

Ce sont les barons : vous pensez bien qu'ils sont fous de rage.

PREMIER PAYSAN

S'il allait prendre peur et renoncer?

KARL

Pas de danger, il est têtu comme une vache. Cachez-vous, le voilà.

SCÈNE II

LES PAYSANS, *cachés*, GŒTZ *et* KARL.

GŒTZ

Mon frère, veux-tu nous porter un carafon de vin? Trois verres suffiront : je ne bois pas. Fais-le pour l'amour de moi.

KARL

Pour l'amour de toi, je le ferai, mon frère.

> *Gœtz sort. Les paysans sortent de leur cachette,*
> *riant et se frappant les cuisses.*

LES PAYSANS

Mon frère, mon petit frère! Frérot! Tiens! Voilà
pour l'amour de toi.

> *Ils s'envoient des claques en riant.*

KARL, *déposant des verres sur un plateau.*

Tous les domestiques sont des frères. Il dit qu'il
nous aime, il nous cajole et nous embrasse parfois.
Hier il s'est amusé à me laver les pieds. Le gentil
seigneur, le bon frère. Pouah! *(Il crache.)* C'est un
mot qui m'écorche la bouche et je crache toutes les
fois que je l'ai prononcé. Il sera pendu pour m'avoir
appelé frère et quand on lui passera la corde au cou
je le baiserai sur les lèvres et je lui dirai : « Bonsoir,
frérot. Meurs pour l'amour de moi. »

> *Il sort portant les verres et le plateau.*

PREMIER PAYSAN

Voilà un homme. On ne lui en conte point.

DEUXIÈME PAYSAN

On m'a dit qu'il savait lire.

PREMIER PAYSAN

Foutre.

KARL, *revient.*

Voici les ordres. Parcourez les terres de Nossak et
de Schulheim. Annoncez la nouvelle dans le moindre
hameau : « Gœtz donne aux paysans les terres de
Heidenstamm. » Laissez-les souffler et puis : « S'il a
donné ses terres, le putassier, le bâtard, pourquoi le
très haut seigneur de Schulheim ne vous donne-t-il

pas les siennes? » Travaillez-les, rendez-les fous de
rage, mettez le trouble partout. Allez. *(Ils sortent.)*
Gœtz, mon frère chéri, tu verras comme je vais les
gâcher tes bonnes œuvres. Donne-les, tes terres,
donne-les donc : un jour tu regretteras de ne pas
être mort avant de les avoir données. *(Il rit.)* De
l'amour! Tous les jours je t'habille et je te déshabille,
je vois ton nombril, tes doigts de pied, ton cul et tu
voudrais que je t'aime. Je t'en foutrai, de l'amour.
Conrad était dur et brutal, mais ses insultes m'offen-
saient moins que ta bonté. *(Entre Nasty.)* Que veux-
tu?

SCÈNE III

KARL *et* NASTY.

NASTY

Gœtz m'a fait mander.

KARL

Nasty!

NASTY, *le reconnaissant.*

C'est toi!

KARL

Tu connais Gœtz? Belle relation.

NASTY

Ne t'occupe pas de ça. *(Un temps.)* Je sais ce que
tu projettes, Karl! Tu feras sagement de te tenir
coi et d'attendre mes ordres.

KARL

Les campagnes n'ont que faire des ordres de la
ville.

NASTY

Si tu tentes ce sale coup, je te ferai pendre.

KARL

Prends garde que ce ne soit toi, le pendu. D'abord que fais-tu ici? C'est louche. Tu viens parler avec Gœtz et puis tu nous déconseilles la révolte : qui me dit qu'on ne t'a pas payé?

NASTY

Qui me dit qu'on ne t'a pas payé pour faire éclater trop tôt l'émeute qui couve et pour la faire écraser par les Seigneurs?

KARL

Voilà Gœtz.

SCÈNE IV

GŒTZ, NASTY, LES BARONS.

Gœtz entre à reculons, les barons Schulheim, Nossak, Rietschel l'entourent en hurlant.

NOSSAK

Les paysans tu t'en fous : ce que tu veux c'est notre peau.

SCHULHEIM

Tu veux laver dans notre sang les putasseries de ta mère?

NOSSAK

Et devenir le fossoyeur de la noblesse allemande.

GŒTZ

Mes frères, mes très chers frères, je ne sais même pas de quoi vous parlez.

RIETSCHEL

Tu ne sais pas que ton geste va mettre le feu aux poudres? Que nos paysans deviendront fous furieux si nous ne leur donnons sur l'heure les terres, l'or, jusqu'à nos chemises et notre bénédiction par-dessus le marché?

SCHULHEIM

Tu ne sais pas qu'ils viendront nous assiéger dans nos châteaux.

RIETSCHEL

Que c'est la ruine pour nous si nous acceptons et la mort si nous refusons.

NOSSAK

Tu ne le sais pas?

GŒTZ

Mes très chers frères...

SCHULHEIM

Pas de boniments! Renonces-tu? Réponds par oui ou par non.

GŒTZ

Mes très chers frères, pardonnez-moi : c'est non.

SCHULHEIM

Tu es un assassin.

GŒTZ

Oui, mon frère, comme tout le monde.

SCHULHEIM

Un bâtard!

GŒTZ

Oui : comme Jésus-Christ.

SCHULHEIM

Sac à merde! Excrément de la terre!

> *Il lui envoie son poing dans la figure. Gœtz chancelle puis se redresse, avance sur lui; tous se reculent. Tout à coup, Gœtz se jette à terre de tout son long.*

GŒTZ

Au secours, les anges! Aidez-moi à me vaincre! *(Il tremble de tous ses membres.)* Je ne frapperai pas. Je me couperai la main droite si elle veut frapper. *(Il se tord sur le sol. Schulheim lui donne un coup de pied.)* Roses, pluie de roses, caresses. Comme Dieu m'aime! J'accepte tout. *(Il se relève.)* Je suis un chien de bâtard, un sac à merde, un traître, priez pour moi.

SCHULHEIM, *le frappant.*

Renonces-tu?

GŒTZ

Ne frappez pas, vous vous saliriez.

RIETSCHEL, *menaçant.*

Renonces-tu?

GŒTZ

Seigneur, délivrez-moi de l'abominable envie de rire!

SCHULHEIM

Bon Dieu!

RIETSCHEL

Venez, nous perdons notre temps.

[handwritten annotations in margin: la loi / dans cette cité / amour en circuit fermé, interne, indifférent / aux souffrances des autres]

SCÈNE V

NASTY, GŒTZ, KARL.

Gœtz revient vers Nasty.

GŒTZ, *joyeusement.*

Salut, Nasty. Salut, mon frère. Je suis heureux
de te revoir. Sous les murs de Worms, il y a deux
mois, tu m'as offert l'alliance des pauvres. Eh bien,
je l'accepte. Attends : c'est à moi de parler; je vais
te donner de bonnes nouvelles. Avant de faire le
Bien, je me suis dit qu'il fallait le connaître et j'ai
réfléchi longtemps. Eh bien! Nasty, je le connais. Le
Bien, c'est l'amour, bon : mais le fait est que les
hommes ne s'aiment pas; et qu'est-ce qui les en
empêche? L'inégalité des conditions, la servitude et
la misère. Il faut donc les supprimer. Jusqu'ici nous
sommes d'accord, n'est-ce pas? Rien d'étonnant à
cela : j'ai profité de tes leçons. Oui, Nasty, j'ai beaucoup pensé à toi, ces derniers temps. Seulement, toi,
tu veux remettre à plus tard le règne de Dieu; moi,
je suis plus malin : j'ai trouvé un moyen pour qu'il
commence tout de suite, au moins dans un coin de
la terre, ici. Premier temps : j'abandonne mes terres
aux paysans. Deuxième temps : sur cette même terre,
j'organise la première communauté chrétienne; tous
égaux! Ah! Nasty, je suis capitaine : je livre la bataille
du Bien et je prétends la gagner tout de suite et sans
effusion de sang. Aide-moi, veux-tu? Tu sais parler
aux pauvres. A nous deux nous reconstruirons le
Paradis, car le Seigneur m'a choisi pour effacer notre
péché originel. Tiens, j'ai trouvé un nom pour mon
Phalanstère : je l'appelle la Cité du Soleil. Qu'y a-t-il?
Ah! tête de mule! Ah! Rabat-joie! Qu'as-tu encore
à me reprocher?

NASTY

Garde tes terres pour toi.

GŒTZ

Garder mes terres! Et c'est toi, Nasty, qui me le demandes. Parbleu, je m'attendais à tout sauf à celle-là.

NASTY

Gardes-les. Si tu nous veux du bien, tiens-toi tranquille et surtout ne touche à rien.

GŒTZ

Tu le crois donc aussi, toi, que les paysans vont se révolter?

NASTY

Je ne le crois pas, je le sais.

GŒTZ

J'aurais dû m'en douter. J'aurais dû prévoir que je scandaliserais ton âme étroite et butée. Ces porcs tout à l'heure, toi, à présent, comme il faut que j'aie raison pour que vous criiez si fort. Eh bien, voilà qui m'encourage! Je les donnerai, ces terres; comme je vais les donner! Le Bien se fera contre tous.

NASTY

Qui t'a prié de les donner?

GŒTZ

Je sais qu'il faut que je les donne.

NASTY

Mais qui t'en a prié?

GŒTZ

Je le sais, te dis-je. Je vois mon chemin comme je te vois : Dieu m'a prêté sa lumière.

NASTY

Quand Dieu se tait, on peut lui faire dire ce que
l'on veut.

GŒTZ

Oh! prophète admirable! Trente mille paysans
meurent de faim, je me ruine pour soulager leur
misère et tu m'annonces tranquillement que Dieu
m'interdit de les sauver.

NASTY

Toi, sauver les pauvres? Tu ne peux que les cor-
rompre.

GŒTZ

Et qui les sauveras?

NASTY

Ne t'inquiète pas d'eux; ils se sauveront tout seuls.

GŒTZ

Et qu'est-ce que je deviendrai, moi, si l'on m'ôte
les moyens de faire le Bien?

NASTY

Tu as de la besogne, administrer ta fortune et
l'accroître, voilà de quoi remplir une vie.

GŒTZ

Il faut donc pour te plaire que je devienne un
mauvais riche?

NASTY

Il n'y a pas de mauvais riches. Il y a des riches,
c'est tout.

GŒTZ

Nasty, je suis des vôtres.

NASTY

Non.

GŒTZ

N'ai-je pas été pauvre toute ma vie?

NASTY

Il y a deux espèces de pauvres, ceux qui sont pauvres ensemble et ceux qui le sont tout seuls. Les premiers sont les vrais, les autres sont des riches qui n'ont pas eu de chance.

GŒTZ

Et les riches qui ont donné leurs biens, ce ne sont pas des pauvres non plus, j'imagine.

NASTY

Non, ce sont d'anciens riches.

GŒTZ

Alors, j'étais perdu d'avance. Honte à toi, Nasty, tu condamnes un chrétien sans recours. *(Il marche avec agitation.)* Si fiers que soient les hobereaux qui me haïssent, vous êtes encore plus fiers et j'aurais moins de mal à entrer dans leur caste que dans la vôtre. Patience! Merci, Seigneur : je les aimerai donc sans être payé de retour. Mon amour fera crouler les murs de ton âme revêche; il désarmera la hargne des pauvres. Je vous aime, Nasty, je vous aime tous.

NASTY, *plus doucement.*

Si tu nous aimes, renonce à ton projet.

GŒTZ

Non.

NASTY, *sur un ton changé, plus pressant.*

Écoute, j'ai besoin de sept ans.

GŒTZ

Pour quoi faire?

NASTY

Dans sept ans nous serons prêts à commencer la guerre sainte. Pas avant. Si tu jettes aujourd'hui les paysans dans la bagarre, je ne leur donne pas huit jours pour se faire massacrer. Ce que tu auras détruit en une semaine, il faudra plus d'un demi-siècle pour le reconstruire.

KARL

Les paysans viennent d'arriver, Seigneur.

NASTY

Renvoie-les, Gœtz. *(Gœtz ne répond pas.)* Écoute, si tu veux vraiment nous aider, tu le peux.

GŒTZ, *à Karl.*

Prie-les d'attendre, mon frère. *(Karl sort.)* Qu'est-ce que tu me proposes?

NASTY

Tu garderas tes terres.

GŒTZ

Cela dépendra de ce que tu me proposes.

NASTY

Si tu les gardes, elles peuvent nous servir de lieu d'asile et de lieu de rassemblement. Je m'établirai dans un de tes villages. D'ici, mes ordres rayonneront sur toute l'Allemagne, d'ici partira dans sept ans le signal de la guerre. Tu peux nous rendre des services inestimables. Eh bien?

GŒTZ

C'est non.

NASTY

Tu refuses?

GŒTZ

Je ne ferai pas le Bien à la petite semaine. Tu ne m'as donc pas compris, Nasty? Grâce à moi, avant la fin de l'année, le bonheur, l'amour et la vertu régneront sur dix mille arpents de terre. Sur mon domaine je veux bâtir la Cité du Soleil et toi tu veux que j'en fasse un repaire d'assassins.

NASTY

On sert le Bien comme un soldat, Gœtz, et quel est le soldat qui gagne une guerre à lui tout seul? Commence par être modeste.

GŒTZ

Je ne serai pas modeste. Humble tant qu'on voudra, mais pas modeste. La modestie est la vertu des tièdes. *(Un temps.)* Pourquoi t'aiderais-je à préparer la guerre? Dieu a défendu de verser le sang et tu veux ensanglanter l'Allemagne! Je ne serai pas ton complice.

NASTY

Tu ne verseras pas le sang? Eh bien, donne tes terres, donne ton château et tu verras si la terre allemande ne se met pas à saigner.

GŒTZ

Elle ne saignera pas. Le Bien ne peut pas engendrer le Mal.

NASTY

Le Bien n'engendre pas le Mal, soit : puisque ta folle générosité va provoquer un massacre, c'est donc que tu ne fais pas le Bien.

GŒTZ

Le Bien c'est de perpétuer la souffrance des pauvres?

NASTY

Je demande sept ans.

GŒTZ

Et ceux qui mourront d'ici là? Ceux qui, ayant passé leur vie dans la haine et la peur, crèveront dans le désespoir.

NASTY

Dieu ait leur âme.

GŒTZ

Sept ans! Et puis dans sept ans viendront sept ans de guerre et puis sept ans de pénitence parce qu'il faudra relever les ruines et qui sait ce qui viendra ensuite; une nouvelle guerre peut-être et une nouvelle pénitence et de nouveaux prophètes qui demanderont sept ans de patience. Charlatan, les feras-tu patienter jusqu'au jour du Jugement? Moi, je dis que le Bien est possible, tous les jours, à toute heure, en ce moment même : je serai celui qui fait le Bien tout de suite. Heinrich disait : « Il a suffi que deux hommes se haïssent pour que la haine, de proche en proche, gagne tout l'univers. » Et moi, je dis, en vérité, il suffit qu'un homme aime tous les hommes d'un amour sans partage pour que cet amour s'étende de proche en proche à toute l'humanité.

NASTY

Et tu seras cet homme?

GŒTZ

Je le serai, oui, avec l'aide de Dieu. Je sais que le Bien est plus pénible que le Mal. Le Mal ce n'était que moi, le Bien c'est tout. Mais je n'ai pas peur. Il faut réchauffer la terre et je la réchaufferai. Dieu m'a donné mandat d'éblouir et j'éblouirai, je saignerai de la lumière. Je suis un charbon ardent, le souffle de Dieu m'attise, je brûle vif. Boulanger, je suis malade du Bien et je veux que cette maladie soit contagieuse. Je serai témoin, martyr et tentation.

NASTY

Imposteur!

GŒTZ

Tu ne me troubleras pas! Je vois, je sais, il fait grand jour : je prophétiserai.

NASTY

C'est un faux prophète, un suppôt du Diable, celui qui dit : je ferai ce que je crois bon, dût le monde en périr.

GŒTZ

C'est un faux prophète et un suppôt du Diable, celui qui dit : périsse d'abord le monde et je verrai ensuite si le Bien est possible.

NASTY

Gœtz, si tu me gênes, je t'abattrai.

GŒTZ

Tu pourrais me tuer, toi, Nasty?

NASTY

Oui, si tu me gênes.

GŒTZ

Moi, je ne pourrais pas : c'est l'amour qui est mon lot. Je vais leur donner mes terres.

CINQUIÈME TABLEAU

Devant le portail d'une église de village. Sous le porche, deux sièges. Sur l'un il y a un tambour, sur l'autre, une flûte.

SCÈNE I

GŒTZ *et* NASTY, *puis* LES PAYSANS.

GŒTZ, *entre en appelant.*

Holà! Ho! Pas une âme à trente lieues : ils se terrent. Ma bonté a fondu sur eux comme une catastrophe. Les imbéciles. *(Il se retourne brusquement sur Nasty.)* Pourquoi me suis-tu?

NASTY

Pour assister à ton échec.

GŒTZ

Il n'y aura pas d'échec. Je pose aujourd'hui la première pierre de ma cité. Ils sont dans les caves, j'imagine. Mais patience. Que j'en attrape seulement une demi-douzaine et tu verras si je ne sais pas les convaincre. *(Cris, musique de fifre.)* Qu'est-ce que c'est? *(Entre une procession de paysans à moitié ivres, portant une sainte de plâtre sur un brancard.)*

Vous êtes bien gais. Fêtez-vous le don gracieux de votre ancien Seigneur?

UN PAYSAN

Dieu nous en garde, bon moine.

GŒTZ

Je ne suis pas moine.

Il rejette son capuchon.

LES PAYSANS

Gœtz!

Ils reculent effrayés. Quelques-uns se signent.

GŒTZ

Gœtz, oui, Gœtz, le croquemitaine! Gœtz l'Attila qui a donné ses terres par charité chrétienne. Ai-je l'air si redoutable? Approchez : je veux vous parler. *(Un temps.)* Eh bien? Qu'attendez-vous? Approchez! *(Silence obstiné des paysans. Sur un ton plus impérieux.)* Qui commande?

UN VIEILLARD, *de mauvaise grâce.*

Moi.

GŒTZ

Approche.

Le Vieillard se détache du groupe et vient vers lui. Les paysans les regardent en silence.

GŒTZ

Dis-moi : j'ai vu des sacs de grain dans la grange seigneuriale. Vous ne m'avez donc pas compris? Plus de dîmes, plus de redevances.

LE VIEILLARD

Pour un peu de temps encore, nous laissons tout en état.

GŒTZ

Pourquoi?

LE VIEILLARD

Pour voir venir.

GŒTZ

Très bien. Le grain pourrira. *(Un temps.)* Et que dites-vous de votre nouvelle condition?

LE VIEILLARD

Nous n'en parlons pas, mon Seigneur.

GŒTZ

Je ne suis plus ton Seigneur. Appelle-moi ton frère, tu entends?

LE VIEILLARD

Oui, mon Seigneur.

GŒTZ

Ton frère, te dis-je.

LE VIEILLARD

Non. Pour cela, non.

GŒTZ

Je te l'or... Je t'en prie.

LE VIEILLARD

Vous serez mon frère tant qu'il vous plaira, mais je ne serai pas le vôtre. Chacun sa place, mon Seigneur.

GŒTZ

Va! Va! Tu t'habitueras. *(Désignant la flûte et le tambour.)* Qu'est-ce que cela?

LE VIEILLARD

Une flûte et un tambour.

GŒTZ

Qui en joue?

LE VIEILLARD

Les moines.

GŒTZ

Il y a des moines ici?

LE VIEILLARD

Le frère Tetzel est arrivé de Worms avec deux
moinillons, pour nous vendre des indulgences.

GŒTZ, *amèrement.*

Voilà donc pourquoi vous êtes si gais? *(Brusquement.)* Au diable! Je ne veux pas de ça ici. *(Silence
du Vieillard.)* Ces indulgences ne valent rien. Crois-
tu que Dieu va maquignonner ses pardons? *(Un
temps.)* Si j'étais encore ton maître et si je te commandais de chasser ces trois larrons, le ferais-tu?

LE VIEILLARD

Oui, je le ferais.

GŒTZ

Eh bien, pour la dernière fois, c'est ton maître qui
t'ordonne...

LE VIEILLARD

Vous n'êtes plus notre maître.

GŒTZ

Va-t'en; tu es trop vieux. *(Il le repousse, saute sur
une marche et s'adresse à tous.)* Vous êtes-vous seulement demandé pourquoi je vous avais fait cadeau de
mes terres? *(Désignant un paysan.)* Réponds, toi.

LE PAYSAN

Je sais pas.

GŒTZ, *à une femme.*

Et toi?

LA FEMME, *hésitant.*

C'est peut-être... que vous avez voulu nous rendre heureux.

GŒTZ

Bien répondu! Oui, c'est là ce que j'ai voulu. Seulement le bonheur n'est qu'un moyen. Que comptez-vous faire?

LA FEMME, *effrayée.*

Du bonheur? Mais il faudrait d'abord qu'on l'ait.

GŒTZ

Vous l'aurez, n'ayez crainte. Qu'en ferez-vous?

LA FEMME

On n'y a pas pensé. On ne sait même pas ce que c'est.

GŒTZ

Moi, j'y ai pensé pour vous. *(Un temps.)* Vous savez que Dieu nous commande d'aimer. Seulement voilà : jusqu'ici c'était impossible. Hier encore, mes frères, vous étiez bien trop malheureux pour qu'on songe à vous demander de l'amour. Eh bien, j'ai voulu que vous fussiez sans excuse. Je vais vous rendre gros et gras et vous aimerez, morbleu, j'exigerai que vous aimiez tous les hommes. Je renonce à commander à vos corps, mais c'est pour guider vos âmes, car Dieu m'éclaire. Je suis l'architecte et vous êtes les ouvriers : tout à tous, les outils et les terres en commun, plus de pauvres, plus de riches, plus de loi sauf la loi d'amour. Nous serons l'exemple de toute l'Allemagne. Allons, les gars, on tente le coup? *(Silence.)* Il ne me déplaît pas de vous faire peur au commencement : rien n'est plus rassurant qu'un bon vieux diable. Mais les anges, mes frères, les anges sont suspects! *(La foule sourit, soupire et s'agite.)* Enfin! Enfin vous me souriez.

LA FOULE

Les voilà! Les voilà!

GŒTZ, *se retournant, voit Tetzel, avec dépit.*

Que le Diable emporte les moines!

SCÈNE II

LES MÊMES, TETZEL,
DEUX MOINILLONS ET UN CURÉ.

Les deux moinillons prennent leurs instruments. On apporte une table qu'on pose sur la marche supérieure. Tetzel pose ses rouleaux de parchemin sur la table.

TETZEL

Eh bien, les gros pères! Approchez! Approchez! Je n'ai pas mangé d'ail! *(Ils rient.)* Comment ça va-t-il par ici? La terre est bonne?

LES PAYSANS

Point trop mauvaise.

TETZEL

Et les épouses? Toujours détestables?

LES PAYSANS

Ah dame! C'est comme partout.

TETZEL

Ne vous plaignez pas : elles vous protègent contre le Diable parce qu'elles sont plus garces que lui. *(La foule rit.)* Ah! mes petits gars, c'est pas tout ça : on va parler de choses sérieuses! Musique! *(Tambour et fifre.)* Toujours travailler, c'est bel et bon, mais

des fois, on s'appuie sur sa bêche, on regarde au loin
et on se dit : « Qu'est-ce qui va m'arriver après la
mort? » C'est pas le tout d'avoir une belle tombe
bien fleurie : l'âme n'y demeure point. Où ira-t-elle?
En Enfer? *(Tambour.)* Ou au Paradis? *(Flûte.)*
Bonnes gens, vous pensez bien que le Bon Dieu s'est
posé la question. Il se fait tant de soucis pour vous,
le Bon Dieu, qu'il n'en dort plus. Tiens, toi, là,
comment t'appelles-tu?

LE PAYSAN

Peter.

TETZEL

Eh bien, Peter, tu bois un petit coup de trop de
temps à autre? Allons, ne mens point!

LE PAYSAN

Eh! ça m'arrive.

TETZEL

Et ta femme, tu la bats?

LE PAYSAN

Quand j'ai bu.

TETZEL

Cependant tu crains Dieu?

LE PAYSAN

Oh oui, mon frère!

TETZEL

Et la Vierge, tu l'aimes?

LE PAYSAN

Plus que ma mère.

TETZEL

Et voilà le Bon Dieu dans l'embarras. « Cet homme-

là n'est pas bien méchant, qu'il se dit. Et je n'ai
point envie de lui faire grand mal. Pourtant il a
péché, il faut donc que je le punisse. »

LE PAYSAN, *désolé.*

Hélas!

TETZEL

Attends donc. Heureusement qu'il y a les Saints.
Chacun d'eux a mérité cent mille fois le Ciel, mais
ça ne lui sert à rien puisqu'il n'y peut entrer qu'une
fois. Alors, qu'est-ce qu'il s'est dit, le Bon Dieu? Il
s'est dit : « Les entrées qui n'ont point d'usage, pour
ne pas les laisser perdre, je m'en vais les distribuer
à ceux qui ne les méritent pas. Ce brave Peter, s'il
achète une indulgence au Frère Tetzel, il entrera
dans mon Paradis avec une des cartes d'invitation
de saint Martin. » Hein? Hein? Ça, c'est trouvé,
non? *(Acclamations.)* Allons, Peter, sors ta bourse.
Mes frères, Dieu lui propose ce marché incroyable :
le Paradis pour deux écus; quel est le grigou, quel
est le ladre qui ne donnera pas deux écus pour sa vie
éternelle? *(Il prend les deux écus de Peter.)* Merci.
Allons, rentre chez toi et ne pèche plus. Qui en veut?
Tenez, voici un article avantageux : ce rouleau-ci,
quand vous le présenterez à votre curé, il sera obligé
de vous faire remise d'un péché mortel à votre choix.
Pas vrai, curé?

LE CURÉ

Obligé, c'est vrai.

TETZEL

Et ça? *(Il brandit un parchemin.)* Ah! ça, mes
frères, c'est une délicatesse du Bon Dieu! Les indulgences que voici, on les a tout spécialement étudiées
pour les braves gens qui ont de la famille au Purgatoire. Si vous donnez la somme nécessaire, toute
votre famille déploiera ses ailes et s'envolera vers le
Ciel. C'est deux écus par personne transférée; le trans-

fert est immédiat. Allons! Qui en veut? Qui en veut?
Toi, qui as-tu perdu?

UN PAYSAN

Ma mère.

TETZEL

Ta mère, c'est tout? A ton âge, tu n'as perdu que
ta mère?

LE PAYSAN, *hésitant.*

J'ai bien un oncle aussi...

TETZEL

Et tu laisserais ton pauvre oncle en Purgatoire?
Allons, allons! Compte-moi quatre écus. *(Il les prend
et les lient au-dessus de l'aumônière.)* Attention, les
gars, attention : quand les écus tomberont, les âmes
s'envoleront. *(Il laisse tomber les écus dans l'aumônière. Trait de flûte.)* Et d'une! *(Second trait de
flûte.)* Et de deux! Les voilà! Les voilà! Elles vol-
tigent au-dessus de vous : deux beaux papillons
blancs! *(Flûte.)* A bientôt! A bientôt! Priez pour nous
et bien le bonjour à tous les Saints. Allons, les gars,
un petit salut pour les deux mignonnes. *(Applaudis-
sements.)* A qui le tour? *(Les paysans s'approchent
en grand nombre.)* Pour ta femme et ta grand-mère?
Pour ta sœur? *(Flûte — Flûte.)* Payez! Payez!

GŒTZ

Arrière!

Rumeurs dans la foule.

TETZEL, *au Curé.*

Qui est-ce?

LE CURÉ

C'est leur ancien Seigneur. Rien à craindre.

GŒTZ

Insensés qui vous croyez quittes avec une aumône,
pensez-vous que les martyrs se soient laissé brûler
vifs pour que vous entriez au Paradis comme dans un
moulin? Quant aux Saints, vous ne vous sauverez
pas en achetant leurs mérites mais en acquérant leurs
vertus!

UN PAYSAN

Alors, j'aime mieux me pendre et qu'on me damne
tout de suite. On ne peut pas devenir saint quand
on travaille seize heures par jour.

TETZEL, *au Paysan.*

Tais-toi donc, gros bête : on ne t'en demande pas
tant. Achète de temps à autre un couple d'indulgences et il te prendra en sa miséricorde.

GŒTZ

Va! Achète-lui sa camelote. Il te fera payer deux
écus le droit de retourner à tes vices, mais Dieu ne
ratifiera pas le marché! Tu cours à l'Enfer.

TETZEL

Ote-leur l'Espérance! Ote-leur la Foi! Courage!
Que mettras-tu à la place?

GŒTZ

L'amour.

TETZEL

Que sais-tu de l'amour?

GŒTZ

Qu'en sais-tu toi-même? Comment pourrait-il les
aimer celui qui les méprise assez pour leur vendre
le Ciel?

TETZEL, *aux Paysans.*

Moi, mes petits agneaux, je vous méprise?

TOUS

Oh!

TETZEL

Moi, mes petits poulets, je ne vous aime pas?

LES PAYSANS

Si, si! Tu nous aimes!

TETZEL

Je suis d'Église, mes frères : hors de l'Église, point d'amour. L'Église est notre mère à tous; par le canal de ses moines et de ses prêtres, elle dispense à tous ses fils, aux déshérités comme aux favoris du sort, le même amour maternel. *(Clochettes, crécelle. Le Lépreux apparaît. Les paysans se réfugient à l'autre bout de la scène, pris de panique.)* Qu'est-ce que c'est?

> *Le Curé et les moinillons rentrent en courant dans l'église.*

LES PAYSANS, *lui montrant le Lépreux du doigt.*

Là! Là! Prends garde! Le lépreux!

TETZEL, *horrifié.*

Doux Jésus!

> *Un temps. Gœtz s'approche du Lépreux.*

GŒTZ, *désignant le Lépreux à Tetzel.*

Embrasse-le!

TETZEL

Pouah!

GŒTZ

Si l'Église aime sans dégoût ni recul le plus déshérité de ses fils, qu'attends-tu pour l'embrasser? *(Tetzel fait signe que non avec la tête.)* Jésus l'eût pris dans ses bras. Moi je l'aime mieux que toi.

Un temps. Il va au Lépreux.

LE LÉPREUX, *entre ses dents.*

Encore un qui va me faire le coup du baiser au lépreux.

GŒTZ

Approche, mon frère.

LE LÉPREUX

Ça y est! *(Il s'approche de mauvaise grâce.)* S'il y va de votre salut, je ne peux pas refuser, mais faites vite. Tous les mêmes : on croirait que le Bon Dieu m'a donné la lèpre tout exprès pour leur fournir l'occasion de gagner le Ciel. *(Gœtz va l'embrasser.)* Pas sur la bouche! *(Baiser.)* Pouah!

Il s'essuie.

TETZEL, *se met à rire.*

Eh bien? Tu es content? Regarde-le qui s'essuie la bouche. Est-il moins lépreux qu'avant? Dis-moi, lépreux, comment va la vie?

LE LÉPREUX

Elle irait mieux s'il y avait moins d'hommes sains et plus de lépreux.

TETZEL

Où vis-tu?

LE LÉPREUX

Avec d'autres lépreux dans la forêt.

TETZEL

Et que faites-vous toute la journée?

LE LÉPREUX

On se raconte des histoires de lépreux.

TETZEL

Pourquoi es-tu descendu au village?

LE LÉPREUX

Je suis venu voir si je pourrais glaner une indulgence.

TETZEL

A la bonne heure.

LE LÉPREUX

C'est vrai que vous les vendez?

TETZEL

Deux écus.

LE LÉPREUX

Je n'ai pas le sou.

TETZEL, *triomphant, aux Paysans.*

Regardez! *(Au Lépreux.)* Tu vois cette belle indulgence toute neuve. Qu'aimes-tu mieux? Que je te la donne, ou que je te baise sur les lèvres?

LE LÉPREUX

Parbleu...

TETZEL

Ah! Je ferai ce que tu voudras. Choisis.

LE LÉPREUX

Parbleu, j'aime mieux que tu me la donnes.

TETZEL

La voilà, gratis pro Deo, c'est un cadeau de ta Sainte Mère l'Église. Tiens.

LE LÉPREUX

Vive l'Église!

Tetzel la lui jette. Le Lépreux la saisit au vol.

TETZEL

Va-t'en vite, à présent.

Le Lépreux sort. Clochettes et crécelle.

TETZEL

Eh bien? Qui l'aimait le mieux?

LA FOULE

C'est toi! C'est toi! Hurrah pour Tetzel!

TETZEL

Allons, mes frères! A qui le tour? Pour ta sœur qui est morte au pays lointain. *(Flûte.)* Pour tes tantes qui t'ont élevé. Pour ta mère. Pour ton père et ta mère, pour ton fils aîné! Payez! Payez! Payez!

GŒTZ

Chiens! *(Il frappe sur la table et envoie rouler le tambour en bas des marches.)* Le Christ a chassé les marchands du Temple... *(Il s'arrête, regarde les paysans silencieux et hostiles, rabat son capuchon sur son visage et se jette à genoux contre le mur de l'église en gémissant.)* Ho! Ho! Ho! Honte sur moi! Je ne sais pas leur parler. Seigneur, faites-moi trouver le chemin de leur cœur!

> *Les paysans le regardent; Tetzel sourit; les paysans regardent Tetzel. Tetzel cligne de l'œil, met le doigt sur la bouche pour imposer silence et, d'un mouvement de la tête, leur indique l'entrée de l'église.*
> *Il y entre sur la pointe des pieds.*
> *Les paysans entrent dans l'église en portant la sainte sur un brancard. Ils disparaissent tous. Un instant de silence, puis Heinrich apparaît sur le seuil de l'église en costume laïque.*

SCÈNE III

HEINRICH, GŒTZ, NASTY.

Heinrich descend vers Gœtz sans voir Nasty.

HEINRICH

Tu prends les âmes pour des légumes.

GŒTZ

Qui parle?

HEINRICH

Le jardinier peut décider de ce qui convient aux carottes, mais nul ne peut choisir le bien des autres à leur place.

GŒTZ

Qui parle? Heinrich?

HEINRICH

Oui.

GŒTZ, *il se relève et rejette son capuchon en arrière.*

J'étais sûr de te revoir à mon premier faux pas. *(Un temps.)* Que viens-tu faire ici? Nourrir ta haine?

HEINRICH

« Celui qui sème le Bien récoltera le Bien. » Tu as dit ça, n'est-ce pas?

GŒTZ

Je l'ai dit, je le redis encore.

Un temps.

HEINRICH

Je suis venu t'apporter la récolte.

GŒTZ

Il est trop tôt pour récolter.

Un temps.

HEINRICH

Catherine se meurt : c'est ta première moisson.

GŒTZ

Elle se meurt? Dieu ait son âme. Que veux-tu que j'y fasse? *(Heinrich rit.)* Ne ris pas, imbécile! Tu vois bien que tu ne sais pas rire.

HEINRICH, *sur un ton d'excuse.*

Il me fait des grimaces.

GŒTZ, *se retournant vivement.*

Qui? *(Il comprend.)* Ah! *(Se retournant vers Heinrich.)* Ah çà, vous ne vous quittez plus!

HEINRICH

Plus guère.

GŒTZ

Ça te fait une compagnie.

HEINRICH, *se passant la main sur le visage.*

Il est fatigant.

GŒTZ, *allant à Heinrich.*

Heinrich... Si je t'ai fait du mal, pardonne-moi.

HEINRICH

Te pardonner, pour que tu ailles te vanter partout d'avoir changé la haine en amour comme le Christ changeait l'eau en vin.

GŒTZ

Ta haine m'appartient. Je te délivrerai d'elle et du Diable.

HEINRICH, *d'une voix changée*
comme si un autre parlait par sa bouche.

Au nom du Père, du Fils et du Saint-Esprit. Le Père, c'est moi, le Diable est mon fils; la haine, c'est le Saint-Esprit. Tu auras plus vite fait de débiter en tronçons la Trinité céleste que de couper notre Trinité en trois.

GŒTZ

Alors, bonsoir. Va dire tes messes à Worms et rendez-vous dans neuf mois.

HEINRICH

Je ne retournerai jamais à Worms et je ne dirai plus jamais de messe. Je ne suis plus d'Église, bouffon. On m'a retiré le droit de célébrer les offices et d'administrer les sacrements.

GŒTZ

Qu'est-ce qu'ils peuvent bien te reprocher?

HEINRICH

De m'être fait payer pour livrer la ville.

GŒTZ

C'est un mensonge infect.

HEINRICH

Ce mensonge c'est moi qui l'ai fait. Je suis monté en chaire et j'ai tout confessé devant tous : mon amour de l'argent, ma jalousie, mon indiscipline et mes désirs charnels.

GŒTZ

Tu mentais.

HEINRICH

Après? On répétait partout dans Worms que l'Église abominait les pauvres et qu'elle m'avait donné l'ordre de les livrer au massacre. Il fallait lui fournir un prétexte pour me désavouer.

GŒTZ

Eh bien, tu as expié.

HEINRICH

Tu sais bien qu'on n'expie jamais!

GŒTZ

C'est vrai. Rien n'efface rien. *(Un temps. Brusquement allant à Heinrich.)* Qu'arrive-t-il à Catherine?

HEINRICH

Son sang pourrit, son corps s'est couvert d'ulcères. Voici trois semaines qu'elle n'a ni dormi ni mangé.

GŒTZ

Pourquoi n'es-tu pas resté près d'elle?

HEINRICH

Elle n'a que faire de moi ni moi d'elle.

Nasty entre et reste au fond.

GŒTZ

Il faut la soigner.

HEINRICH

Elle ne peut pas guérir, il faut qu'elle meure.

GŒTZ

De quoi meurt-elle?

HEINRICH

De honte. Son corps lui fait horreur à cause de toutes les mains d'hommes qui se sont posées dessus.

Son cœur la dégoûte encore plus parce que ton image est restée dedans. Sa maladie mortelle, c'est toi.

GŒTZ

C'était l'an passé, curé, et je ne reconnais pas les fautes de l'année dernière. Je paierai pour cette faute dans l'autre monde et pendant l'Éternité. Mais dans ce monde-ci, fini, je n'ai pas une minute à perdre.

HEINRICH

Donc il y a deux Gœtz.

GŒTZ

Deux, oui. Un vivant qui fait le Bien et un mort qui faisait le Mal.

HEINRICH

Et tu as enterré tes péchés avec le mort?

GŒTZ

Oui.

HEINRICH

Parfait. Seulement ce n'est pas le mort qui est en train d'assassiner la petite, c'est le beau Gœtz tout pur qui s'est voué à l'amour.

GŒTZ

Tu mens! C'est le Gœtz malfaisant qui a commis le crime.

HEINRICH

Ce n'était pas un crime. En la souillant tu lui as donné beaucoup plus que tu ne possédais toi-même : l'amour. Le fait est qu'elle t'aimait, je ne sais pas pourquoi. Et puis, un beau jour, la grâce t'a touché, alors, tu as mis une bourse dans la main de Catherine et tu l'as chassée. Elle en meurt.

GŒTZ

Pouvais-je vivre avec une putain?

HEINRICH

Oui, puisque c'était toi qui l'avais rendue telle.

GŒTZ

Il fallait renoncer au Bien ou renoncer à elle.

HEINRICH

Si tu l'avais gardée, tu la sauvais peut-être et toi avec elle. Mais quoi? Sauver une âme, une seule? Un Gœtz peut-il s'abaisser à cela? On avait de plus grands projets.

GŒTZ, *brusquement.*

Où est-elle?

HEINRICH

Sur tes propres terres.

GŒTZ

Elle voulait donc me revoir?

HEINRICH

Oui. Et puis le Mal l'a abattue sur la route.

GŒTZ

Où?

HEINRICH

Je ne te le dirai pas : tu lui as fait assez de mal.

GŒTZ, *levant le poing, furieux.*

Je... *(Il se calme.)* C'est bon, je la trouverai moi-même. Adieu, Heinrich. *(S'inclinant du côté du Diable.)* Mes respects. *(Il se retourne vers Nasty.)* Viens, Nasty.

HEINRICH, *saisi.*

Nasty!

Nasty veut suivre Gœtz. Heinrich lui barre la route.

SCÈNE IV

HEINRICH, NASTY.

HEINRICH, *timidement.*

Nasty! *(Plus fort.)* Nasty, je te cherchais. Arrête!
Il faut que je te parle. Méprise-moi tant que tu voudras pourvu que tu m'écoutes. J'ai traversé les terres
de Schulheim : la révolte couve.

NASTY

Laisse-moi passer. Je le sais.

HEINRICH

Cette révolte, tu la souhaites? Dis, la souhaites-tu?

NASTY

Est-ce que ça te regarde? Laisse-moi passer.

HEINRICH, *étendant les bras.*

Tu ne passeras pas sans m'avoir répondu.

Nasty le regarde en silence, puis se décide.

NASTY

Que je la souhaite ou non, personne ne peut plus
l'empêcher.

HEINRICH

Moi, je peux. Je peux élever en deux jours une
digue contre la mer. En échange, Nasty, je voudrais
que tu me pardonnes.

NASTY

Encore le jeu du pardon? *(Un temps.)* C'est un jeu
qui m'ennuie : je ne suis pas dans le coup. Je n'ai
qualité ni pour condamner ni pour absoudre : c'est
l'affaire de Dieu.

HEINRICH

Si Dieu me donnait à choisir entre son pardon et
le tien, c'est le tien que je choisirais.

NASTY

Tu ferais le mauvais choix; tu lâcherais le Paradis
pour un souffle de voix.

HEINRICH

Non, Nasty; je lâcherais le pardon du Ciel pour
celui de la terre.

NASTY

La terre ne pardonne pas.

HEINRICH

Tu me fatigues.

NASTY

Quoi?

HEINRICH

Ce n'est pas à toi que je parle. *(A Nasty.)* Tu ne
me rends pas la tâche facile; on me pousse à la haine,
Nasty; on me pousse à la haine et tu ne m'aides pas.
(Il se signe par trois fois.) Bon, me voilà tranquille
pour un moment. Alors, écoute. Vite. Les paysans
s'organisent. Ils vont parlementer avec les barons.
Cela nous donne quelques jours.

NASTY

Qu'en feras-tu?

HEINRICH, *désignant l'église.*

Tu les as vus; ils se feraient hacher pour l'Église;
il y a plus de pitié dans ces campagnes que dans tout
le reste de l'Allemagne.

Nasty secoue la tête.

NASTY

Tes curés sont impuissants : on les aime, c'est vrai, mais s'ils condamnent la révolte, ils prêcheront dans le désert.

HEINRICH

Ce n'est pas sur leurs discours que je compte, c'est sur leur silence. Imagine : un beau matin, à leur réveil, les villageois trouvent la porte de leur église ouverte et l'église vide : l'oiseau s'est envolé. Personne devant l'autel, personne devant la sacristie ni dans la crypte, personne au presbytère...

NASTY

Est-ce réalisable?

HEINRICH

Tout est prêt. As-tu des hommes ici?

NASTY

Quelques-uns.

HEINRICH

Qu'ils traversent le pays et braillent plus fort que les autres, en blasphémant, surtout. Il faut qu'ils provoquent le scandale et l'horreur. Puis, à Righi, dimanche prochain, qu'ils s'emparent du curé en pleine messe, qu'ils l'entraînent dans la forêt et qu'ils reviennent avec leurs épées tachées de sang. Tous les prêtres de la région quitteront secrètement leurs villages la nuit d'après et se rendront au château de Markstein où on les attend. A partir de lundi, Dieu remonte au Ciel. Les enfants ne seront plus baptisés, les fautes ne seront plus absoutes et les malades craindront de mourir sans confession! La peur étouffera la révolte.

NASTY, *réfléchissant.*

Cela peut être...

*La porte de l'église s'ouvre. Bouffées d'orgue.
Les paysans sortent en portant la statue sur le
brancard.*

NASTY, *les regardant.*

Si cela peut être, cela sera.

HEINRICH

Nasty, je t'en supplie, si l'entreprise réussit, dis-
moi que tu me pardonneras.

NASTY

Je veux bien le dire. Le malheur, c'est que je sais
qui tu es.

SIXIÈME TABLEAU

L'intérieur de l'église quinze jours plus tard. Tous les villageois s'y sont réfugiés et n'en sortent plus. Ils y mangent, ils y dorment. En ce moment ils prient. Nasty et Heinrich les regardent prier. Des hommes et des femmes sont couchés sur le sol; on a transporté les malades et les infirmes dans l'église. Il y en a qui gémissent et s'agitent au pied de la chaire.

SCÈNE I

Les Paysans en prière, NASTY et HEINRICH.

NASTY, *à lui-même.*

Je ne peux plus les entendre! Hélas! Vous n'aviez rien à vous que votre colère et j'ai soufflé dessus pour l'éteindre.

HEINRICH

Qu'est-ce que tu dis?

NASTY

Rien.

HEINRICH

Tu n'es pas content?

NASTY

Non.

HEINRICH

Partout les gens s'écrasent dans les églises, la peur les tenaille et la révolte est tuée dans l'œuf. Que veux-tu de plus? *(Nasty ne répond pas.)* Je me réjouirai donc pour deux. *(Nasty le frappe.)* Qu'est-ce qui te prend?

NASTY

Si tu te réjouis, je te casse les reins.

HEINRICH

Tu ne veux pas que je me réjouisse de notre victoire?

NASTY

Je ne veux pas que tu te réjouisses d'avoir mis des hommes à quatre pattes.

HEINRICH

Ce que j'ai fait, je l'ai fait pour toi et avec ton accord. Douterais-tu de toi, prophète? *(Nasty hausse les épaules.)* Ce n'est pourtant pas la première fois que tu leur mens.

NASTY

C'est la première fois que je les jette à genoux pour les empêcher de se défendre; c'est la première fois que je pactise avec la superstition et que je fais alliance avec le Diable.

HEINRICH

Tu as peur?

NASTY

Le Diable est la créature de Dieu; si Dieu le veut, le Diable m'obéira. *(Brusquement.)* J'étouffe dans cette église, allons-nous-en.

SCÈNE II

HEINRICH *et* NASTY *vont pour sortir.*
GŒTZ *entre brusquement et marche sur Heinrich.*

GŒTZ

Chien! Tous les moyens te sont bons pour gagner
ton pari. Tu me fais perdre quinze jours, j'ai par-
couru dix fois mon domaine pour la découvrir et
j'apprends qu'elle était ici, pendant que je la cherchais au diable. Ici, malade, couchée sur la pierre.
Par ma faute. *(Heinrich se dégage et sort avec Nasty.*
Gœtz répète pour lui-même.) Par ma faute... Rien, je
sonne creux. Tu veux de la honte, je n'en ai pas.
C'est l'orgueil qui suinte de toutes mes plaies : depuis
trente-cinq ans je crève d'orgueil, c'est ma façon de
mourir de honte. Il faudra changer ça. *(Brusque-*
ment.) Ote-moi la pensée! Ote-la! Fais que je m'oublie! Change-moi en insecte! Ainsi soit-il! *(Le mur-*
mure des paysans qui prient croît, puis décroît.) Catherine! *(Il avance à travers la foule, regardant chacun*
et appelant.) Catherine! Catherine! *(Il s'approche d'une*
forme sombre étendue sur la dalle. Il soulève la cou-
verture qui l'enveloppe. Il la laisse retomber, rassuré.
Il disparaît derrière un pilier. On l'entend appeler
encore.) Catherine!

SCÈNE III

LES PAYSANS, *seuls.*

Une horloge sonne sept coups.

UN DORMEUR, *qui était couché sur la dalle,*
s'éveille en sursaut.

Quelle heure est-il? Quel jour sommes-nous?

L'HOMME

C'est un matin de dimanche et il est sept heures.
Non, ce n'est pas dimanche.
— Finis les dimanches, finis, il n'y en aura plus
jamais, notre curé les a emportés avec lui.
— Il nous a laissé les jours de la semaine, les
jours maudits du travail et de la faim.

LE PAYSAN

Alors, au Diable! Je me rendors! Vous me réveil-
lerez pour le Jugement.

UNE FEMME

Prions.

> *Hilda entre, portant une botte de paille et sui-
> vie par deux paysannes qui portent de la paille
> également.*

SCÈNE IV

LES MÊMES, HILDA, *puis* GŒTZ.

PREMIÈRE FEMME

Hilda, c'est Hilda!

DEUXIÈME FEMME

Tu nous manquais. Que se passe-t-il dehors?
Raconte-nous.

HILDA

Il n'y a rien à raconter. C'est le silence partout,
sauf que les bêtes crient parce qu'elles ont peur.

UNE VOIX

Fait-il beau?

HILDA

Je ne sais pas.

LA VOIX

Tu n'as pas regardé le Ciel?

HILDA

Non. *(Un temps.)* J'ai rapporté de la paille pour
faire des lits aux malades. *(Aux deux paysannes.)*
Aidez-moi. *(Elles soulèvent un malade et le déposent
sur un lit de paille.)* Là. A celui-ci, maintenant.
(Même jeu.) A celle-ci. *(Elles soulèvent une vieille
femme qui se met à sangloter.)* Ne pleure pas, je t'en
supplie; ne leur ôte pas leur courage. Allons, grand-
mère, si tu te mets à pleurer, ils vont tous pleurer
avec toi.

LA VIEILLE, *pleurnichant.*

Mon chapelet, là...

> *Elle désigne la dalle à l'endroit où elle repo-
> sait auparavant.*

HILDA, *agacée, prend le chapelet
et le lui jette sur les genoux.*

Tiens! *(Elle se reprend et plus doucement.)* Prie, va,
prie! Mieux vaut la prière que les pleurs, ça fait
moins de bruit. Ah! Par exemple, il ne faut pas prier
et pleurer à la fois. *(Elle lui essuie les yeux avec son
mouchoir.)* Là! Là! Mouche-toi! C'est fini! Ne pleure
plus, je te dis : nous ne sommes pas coupables et
Dieu n'a pas le droit de nous punir.

LA VIEILLE, *pleurnichant.*

Hélas! ma fille! Tu sais bien qu'il a tous les droits.

HILDA, *avec violence.*

S'il avait le droit de punir les innocents, je me
donnerais tout de suite au Diable. *(Ils sursautent et
la regardent. Elle hausse les épaules et va s'accoter au*

pilier. Elle demeure un instant le regard fixe, comme obsédée par un souvenir. Puis, tout à coup, avec dégoût.) Pouah!

PREMIÈRE FEMME

Hilda! Qu'est-ce que tu as?

HILDA

Rien.

LA FEMME

Tu savais si bien nous rendre l'espoir...

HILDA

L'espoir en qui? en quoi?

LA FEMME

Hilda, si tu désespères, nous désespérons tous avec toi.

HILDA

C'est bon. Ne faites pas attention à ce que je dis. *(Elle frissonne.)* Il fait froid. Vous êtes la seule chaleur du monde. Il faut vous serrer les uns contre les autres et attendre.

UNE VOIX

Qu'est-ce qu'il faut attendre?

HILDA

D'avoir chaud. Nous avons faim et soif, nous avons peur, nous avons mal, mais la seule chose qui compte, c'est d'avoir chaud.

LA FEMME

Eh bien, viens contre moi, viens! *(Hilda ne bouge pas. La Femme se lève et va à elle.)* Elle est morte?

HILDA

Oui.

LA FEMME

Dieu ait son âme.

HILDA

Dieu? *(Rire bref.)* Il n'en veut pas.

LA FEMME

Hilda! Comment oses-tu dire ça?

Rumeurs dans la foule.

HILDA

Elle a vu l'Enfer avant de mourir. Tout à coup elle s'est redressée, elle a dit ce qu'elle voyait et puis elle est morte.

LA FEMME

Personne ne la veille?

HILDA

Non. Veux-tu y aller?

LA FEMME

Pas pour l'or du monde.

HILDA

C'est bon. J'y retournerai tout à l'heure. Laisse-moi un peu de temps pour me réchauffer.

LA FEMME, *se retourne vers la foule.*

Prions, mes frères! Implorons le pardon pour cette pauvre morte, qui a vu l'Enfer et qui risque d'être damnée.

Elle s'éloigne et s'agenouille. La rumeur mono-tone de la prière. Gœtz apparaît et regarde Hilda qui est restée appuyée au pilier.

HILDA, *à mi-voix.*

Implorer ton pardon! Qu'as-tu donc à nous par-donner? C'est à toi d'implorer le nôtre! Pour moi,

je ne sais ce que tu me réserves et je ne la connaissais guère, mais si tu la condamnes, je ne veux pas
de ton ciel. Crois-tu que mille ans de Paradis me
feraient oublier la terreur de ses yeux? Je n'ai que
mépris pour tes élus imbéciles qui ont le cœur de se
réjouir quand il y a des damnés en Enfer et des
pauvres sur la terre; moi, je suis du parti des hommes
et je ne le quitterai pas; tu peux me faire mourir
sans prêtre et me convoquer par surprise à ton Tri-
bunal : nous verrons qui jugera l'autre. *(Un temps.)*
Elle l'aimait. Toute la nuit, elle a hurlé après lui.
Mais qu'avait-il donc, ce bâtard? *(Elle se retourne
brusquement vers eux.)* Si vous voulez prier, demandez que le sang versé à Righi retombe sur la tête de
Gœtz!

UNE VOIX

De Gœtz!

HILDA

C'est lui le coupable!

VOIX

Que Dieu punisse Gœtz le bâtard!

GŒTZ, *rire bref.*

Et voilà. Que je fasse le Mal, que je fasse le Bien,
je me fais toujours détester. *(A un paysan.)* Quelle
est cette personne?

LE PAYSAN

Eh bien, c'est Hilda.

GŒTZ

Hilda qui?

LE PAYSAN

Hilda Lemm. Son père est le plus riche meunier
du village.

GŒTZ, *avec amertume.*

Vous l'écoutez comme un oracle. Elle vous a dit de prier contre Gœtz et vous voilà tous à genoux.

LE PAYSAN

Ah! C'est que nous l'aimons bien.

GŒTZ

Vous l'aimez? Elle est riche et vous l'aimez?

LE PAYSAN

Elle n'est plus riche. L'an dernier, elle devait prendre le voile et puis, pendant la famine, elle a renoncé à ses vœux pour venir habiter parmi nous.

GŒTZ

Comment fait-elle pour qu'on l'aime?

LE PAYSAN

Elle vit comme une bonne sœur, elle se prive de tout, elle aide tout le monde...

GŒTZ

Oui, oui. Tout ça, je sais le faire. Il doit y avoir autre chose, hein?

LE PAYSAN

Rien que je sache.

GŒTZ

Rien? Hum!

LE PAYSAN

Elle est... Elle est aimable.

GŒTZ, *se met à rire.*

Aimable? Merci, bonhomme, tu m'éclaires. *(Il s'éloigne.)* S'il est vrai qu'elle fait le Bien, je me réjouirai, Seigneur, je me réjouirai comme il faut : pourvu que ton règne arrive, peu importe que ce

soit par elle ou par moi. *(Il la regarde avec animosité.)*
Comme une bonne sœur! Et moi? Est-ce que je ne
vis pas comme un moine? Qu'a-t-elle fait que
je ne fasse? *(Il s'approche.)* Bonjour! Connais-tu
Catherine?

HILDA, *sursautant.*

Pourquoi me demandes-tu ça? Qui es-tu?

GŒTZ

Réponds-moi. La connais-tu?

HILDA

Oui. Oui. Je la connais. *(Elle rejette brusquement
le capuchon de Gœtz et lui découvre le visage.)* Et toi,
je te connais aussi, bien que je ne t'aie jamais vu. Tu
es Gœtz?

GŒTZ

Oui, je le suis.

HILDA

Enfin!

GŒTZ

Où est-elle?

> *Elle le regarde sans répondre avec un sourire
> de colère.*

HILDA

Tu la verras, rien ne presse.

GŒTZ

Crois-tu qu'elle ait envie de souffrir cinq minutes
de plus?

HILDA

Crois-tu qu'elle cessera de souffrir à ta vue? *(Elle
le regarde. Un temps.)* Vous attendrez tous les deux.

GŒTZ

Nous attendrons quoi?

HILDA

Que je t'aie regardé bien à mon aise.

GŒTZ

Folle! Je ne te connais ni ne veux te connaître.

HILDA

Moi je te connais.

GŒTZ

Non.

HILDA

Non? Tu as sur la poitrine une touffe de poils frisés, on dirait du velours noir; à gauche de l'aine une veine mauve qui gonfle quand tu fais l'amour, au-dessus des reins une envie grosse comme une fraise.

GŒTZ

D'où le sais-tu?

HILDA

Voilà cinq jours et cinq nuits que je veille Catherine. Nous étions trois dans la chambre, elle, moi, toi. Et nous avons fait ménage à trois. Elle te voyait partout et j'avais fini par te voir. Vingt fois par nuit la porte s'ouvrait et tu entrais. Tu la regardais d'un air paresseux et fat et tu lui caressais la nuque avec deux doigts. Comme ça. *(Elle lui prend la main brutalement.)* Eh bien, qu'est-ce qu'ils ont, ces doigts? Qu'est-ce qu'ils ont? C'est de la chair avec du poil dessus.

Elle le rejette violemment.

GŒTZ

Que disait-elle?

HILDA

Tout ce qu'il fallait pour que je te prenne en horreur.

GŒTZ

Que j'étais brutal, grossier, repoussant?

HILDA

Que tu étais beau, intelligent, courageux, que tu étais insolent et cruel, qu'une femme ne pouvait te voir sans t'aimer.

GŒTZ

Elle te parlait d'un autre Gœtz?

HILDA

Il n'y en a qu'un.

GŒTZ

Mais regarde-moi avec *tes* yeux. Où est la cruauté? Où est l'insolence? Hélas! où est l'intelligence? Autrefois, je voyais clair et loin, parce que le Mal est simple, mais ma vue s'est brouillée et le monde s'est rempli de choses que je ne comprends pas. Hilda! S'il te plaît? Ne sois pas mon ennemie.

HILDA

Qu'est-ce que ça peut te faire, puisque je n'ai pas les moyens de te nuire?

GŒTZ, *désignant les paysans.*

Auprès de ceux-là, tu m'as nui.

HILDA

Ceux-là sont à moi et moi à eux; ne viens pas les mêler à tes histoires.

GŒTZ

C'est vrai qu'ils t'aiment?

HILDA

Oui, c'est vrai.

GŒTZ

Pourquoi?

HILDA

Je ne me le suis jamais demandé.

GŒTZ

Bah! C'est parce que tu es belle!

HILDA

Non, mon capitaine. Vous autres, vous aimez les belles femmes parce que vous n'avez rien à faire et parce que vous mangez des mets épicés. Mes frères à moi travaillent tout le jour et ils ont faim : ils n'ont pas d'yeux pour la beauté des femmes.

GŒTZ

Alors, quoi? C'est parce qu'ils ont besoin de toi?

HILDA

C'est plutôt parce que moi, j'ai besoin d'eux.

GŒTZ

Pourquoi?

HILDA

Tu ne peux pas comprendre.

GŒTZ, *allant à elle.*

Est-ce qu'ils t'ont aimée tout de suite?

HILDA

Tout de suite, oui.

GŒTZ, *à lui-même.*

C'est bien ce que je pensais : tout de suite ou jamais. C'est gagné ou perdu d'avance; le temps et l'effort n'y font rien. *(Brusquement.)* Dieu ne peut pas vouloir ça, c'est injuste. Autant dire qu'il y a des gens qui naissent damnés.

HILDA

Il y en a : Catherine, par exemple.

GŒTZ, *sans l'écouter.*

Qu'est-ce que tu leur as fait, sorcière? Il a bien fallu que tu leur fasses quelque chose pour réussir là où j'ai échoué?

HILDA

Et toi, pour envoûter Catherine, qu'est-ce que tu lui as fait?

Ils se regardent fascinés.

GŒTZ, *sans cesser de la regarder.*

Tu m'as volé leur amour. Quand je te regarde, c'est leur amour que je vois.

HILDA

Moi, quand je te regarde, je vois l'amour de Catherine et ça me fait horreur.

GŒTZ

Qu'est-ce que tu me reproches?

HILDA

Je te reproche, au nom de Catherine, de l'avoir réduite au désespoir.

GŒTZ

Cela ne te regarde pas.

HILDA

Je te reproche au nom de ces femmes et de ces hommes, d'avoir jeté sur nous tes terres par tombereaux et de nous avoir ensevelis dessous.

GŒTZ

Va te faire foutre!... Je n'ai pas à me justifier devant une femme.

HILDA

Je te reproche, en mon propre nom, d'avoir couché avec moi contre ma volonté.

GŒTZ, *stupéfait.*

Couché avec toi?

HILDA

Cinq nuits de suite, tu m'as possédée par ruse et par violence.

GŒTZ, *riant.*

Il a fallu que ce soit en rêve!

HILDA

En rêve, oui. C'était en rêve. Dans le sien : elle m'a attirée dedans. J'ai voulu souffrir de ses souffrances comme je souffre des leurs, mais c'était un piège; car il a fallu que je t'aime de son amour. Dieu soit loué, je te vois. Je te vois de jour et je me délivre! Le jour, tu n'es plus que toi-même.

GŒTZ

Eh bien, oui, réveille-toi tout s'est passé dans ta tête; je ne t'ai pas touchée, jusqu'à ce matin, je ne t'avais jamais vue : il ne t'est rien arrivé.

HILDA

Rien. Absolument rien. Elle criait dans mes bras, mais qu'importe : il ne m'est rien arrivé puisque tu n'as touché ni mes seins ni ma bouche. Parbleu, mon beau capitaine, tu es seul comme un riche et tu n'as jamais souffert que des blessures qu'on t'a faites, c'est ton malheur. Moi, je sens mon corps à peine, je ne sais pas où ma vie commence ni où elle finit et je ne réponds pas toujours quand on m'appelle, tant ça m'étonne, parfois, d'avoir un nom. Mais je souffre dans tous les corps, on me frappe sur toutes les joues, je meurs de toutes les morts; toutes les femmes que tu as prises de force, tu les as violées dans ma chair.

GŒTZ, *triomphant.*

Enfin! *(Hilda le regarde avec surprise.)* Tu seras la première!

HILDA

La première?

GŒTZ

La première à m'aimer.

HILDA

Moi?

Elle rit.

GŒTZ

Tu m'aimes déjà. Je t'ai tenue dans mes bras cinq nuits et je t'ai marquée. Tu aimes en moi l'amour que Catherine me portait et moi, en toi, j'aime l'amour de ceux-ci. Tu m'aimeras. Et s'ils sont à toi, comme tu le prétends, il faudra bien qu'ils m'aiment à travers toi.

HILDA

Si mes yeux devaient te regarder un jour avec tendresse, je me les crèverais tout de suite. *(Il la saisit par le bras. Elle cesse brusquement de rire et le regarde avec méchanceté.)* Catherine est morte.

GŒTZ

Morte! *(Il est assommé par la nouvelle.)* Quand?

HILDA

Tout à l'heure.

GŒTZ

Elle a... souffert?

HILDA

Elle a vu l'Enfer.

GŒTZ, *chancelant.*

Morte!

HILDA

Elle t'échappe, hein? Va donc lui flatter la nuque.

Silence, puis cris au fond de l'église. Les paysans se relèvent et se tournent vers l'entrée de l'église. Un moment d'attente.
Les rumeurs croissent, puis Heinrich et Nasty paraissent, portant Catherine sur une civière.

SCÈNE V

LES MÊMES, HEINRICH, NASTY *et* CATHERINE.

CATHERINE, *elle ne crie plus.*
Elle marmotte à demi dressée.

Non! Non! Non! Non! Non!

GŒTZ, *criant.*

Catherine! *(A Hilda.)* Charogne! Tu m'as menti!

HILDA

Je... Je ne t'ai pas menti, Gœtz, son cœur avait cessé de battre.

Elle se penche sur Catherine.

HEINRICH

Nous l'avons entendue crier de la route : elle dit que le Diable la guette. Elle nous a suppliés de la porter au pied de la croix.

La foule se dresse devant eux, menaçante.

VOIX

Non! Non! Elle est damnée! Hors d'ici! Dehors! Hors d'ici tout de suite!

GŒTZ

Parbleu, chiens, je vous apprendrai la charité chrétienne!

HILDA

Tais-toi; tu ne sais faire que du mal. *(Aux paysans.)* C'est un cadavre : l'âme s'y cramponne parce qu'elle est entourée de démons. Vous aussi, le Diable vous guette. Qui donc aura pitié de vous si vous n'avez pitié d'elle? Qui donc aimera les pauvres si les pauvres ne s'aiment pas entre eux? *(La foule s'écarte en silence.)* Portez-la aux pieds du Christ puisqu'elle le demande.

Heinrich et Nasty portent la civière au pied de la croix.

CATHERINE

Est-il là?

HILDA

Qui?

CATHERINE

Le curé.

HILDA

Pas encore.

CATHERINE

Va le chercher! Vite! Je tiendrai jusqu'à ce qu'il arrive.

GŒTZ, *s'approchant.*

Catherine!

CATHERINE

Est-ce lui?

GŒTZ

C'est moi, mon amour.

CATHERINE

Toi? Ah! Je croyais que c'était le curé. *(Elle se met à crier.)* Je veux un prêtre, allez le chercher, vite; je ne veux pas mourir sans confession!

GŒTZ

Catherine, tu n'as rien à craindre, ils ne te feront pas de mal; tu as trop souffert sur terre.

CATHERINE

Je te dis que je les vois.

GŒTZ

Où?

CATHERINE

Partout. Jetez-leur de l'eau bénie. *(Elle se remet à crier.)* Sauve-moi, Gœtz, sauve-moi; c'est toi qui as tout fait, je ne suis pas coupable. Si tu m'aimes, sauve-moi!

Hilda l'entoure de ses bras et tente de la recoucher sur la civière. Catherine se débat en criant.

GŒTZ, *suppliant.*

Heinrich!

HEINRICH

Je ne suis plus d'Église!

GŒTZ

Elle ne le sait pas. Si tu faisais le signe de la croix sur son front, tu la sauverais de l'horreur.

HEINRICH

A quoi bon puisqu'elle retrouvera l'horreur de l'autre côté de la mort.

GŒTZ

Mais ce sont des visions, Heinrich!

HEINRICH

Tu crois?

Il rit.

GŒTZ

Nasty, toi qui prétends que tous les hommes sont prêtres...

> *Nasty hausse les épaules et fait un geste d'impuissance accablée.*

CATHERINE, *sans les entendre.*

Mais vous ne voyez donc pas que je vais mourir? *(Hilda veut l'obliger à se recoucher.)* Laissez-moi! Laissez-moi!

GŒTZ, *à lui-même.*

Si seulement je pouvais... *(Il prend soudain sa décision et se tourne vers la foule.)* Cette femme s'est perdue par ma faute et c'est par moi qu'elle sera sauvée. Allez-vous-en. *(Ils sortent lentement. Nasty entraîne Heinrich. Hilda hésite.)* Toi aussi, Hilda.

Elle le regarde et sort.

SCÈNE VI

GŒTZ, CATHERINE, *plus tard, la foule.*

GŒTZ

Je te tiens! Tout avare que tu sois de tes miracles,

il faudra bien, ce coup-ci, que tu en fasses un pour
moi.

CATHERINE

Où vont-ils? Ne me laisse pas seule.

GŒTZ

Non, Catherine, non, mon amour, je te sauverai.

CATHERINE

Comment feras-tu? Tu n'es pas prêtre.

GŒTZ

Je vais demander au Christ de me donner tes
péchés. M'entends-tu?

CATHERINE

Oui.

GŒTZ

Je les porterai à ta place. Ton âme sera pure
comme au jour de ta naissance. Plus pure que si le
prêtre t'avait absoute.

CATHERINE

Comment saurai-je s'il t'a exaucé?

GŒTZ

Je vais prier : si je reviens vers toi avec une face
rongée de lèpre ou de gangrène, me croiras-tu?

CATHERINE

Oui, mon amour, je te croirai.

Il s'éloigne.

GŒTZ

Ces péchés sont à moi, tu le sais. Rends-moi ce
qui m'appartient. Tu n'as pas le droit de condamner cette femme puisque je suis le seul coupable.

Allons! Voici mes bras, voici ma face et ma poitrine. Ronge mes joues, que ses péchés soient le pus de mes yeux et de mes oreilles, qu'ils brûlent mon dos, mes cuisses et mon sexe comme un acide. Donne-moi la lèpre, le choléra, la peste, mais sauve-la!

CATHERINE, *plus faiblement.*

Gœtz! Au secours!

GŒTZ

Est-ce que tu m'écoutes. Dieu sourd? Tu ne refuseras pas le marché que je te propose, car il est juste?

CATHERINE

Gœtz! Gœtz! Gœtz!

GŒTZ

Ah! Je ne peux plus entendre cette voix. *(Il grimpe dans la chaire.)* Es-tu mort pour les hommes, oui ou non? Alors vois : les hommes souffrent. Il faut recommencer à mourir. Donne! Donne-moi tes blessures! Donne-moi la plaie de ton flanc, donne les deux trous dans tes mains. Si un Dieu a pu souffrir pour eux, pourquoi pas un homme? Es-tu jaloux de moi? Donne tes stigmates! Donne-les! *(Il étend les bras en croix face au Christ.)* Donne-les! Donne-les! Donne-les! *(Il répète : « Donne-les! » comme une espèce de chant incantatoire.)* Es-tu sourd? Parbleu, je suis trop bête; aide-toi, le Ciel t'aidera! *(Il tire un poignard de sa ceinture, se frappe la main gauche avec sa main droite, la main droite avec sa main gauche, puis le flanc. Puis il jette le couteau derrière l'autel, se penche et met du sang sur la poitrine du Christ.)* Venez tous! *(Ils entrent.)* Le Christ a saigné. *(Rumeurs. Il lève les mains.)* Voyez, dans sa miséricorde, il a permis que je porte les stigmates. Le sang du Christ, mes frères, le sang du Christ ruisselle de mes mains. *(Il descend les marches de la chaire et s'approche de Catherine.)* Ne crains plus rien, mon amour. Je touche ton front, tes yeux et ta bouche avec le sang

de notre Jésus. *(Il lui met du sang sur le visage.)*
Les vois-tu encore?

CATHERINE

Non.

GŒTZ

Meurs en paix.

CATHERINE

Ton sang, Gœtz, ton sang. Tu l'as donné pour
moi.

GŒTZ

Le sang du Christ, Catherine.

CATHERINE

Ton sang...

Elle meurt.

GŒTZ

Agenouillez-vous tous. *(Ils s'agenouillent.)* Vos
prêtres sont des chiens; mais ne craignez point; je
reste au milieu de vous : tant que le sang du Christ
sur ces mains coulera, aucun malheur ne vous tou-
chera. Retournez dans vos maisons et réjouissez-
vous, c'est fête. Aujourd'hui, le règne de Dieu
commence pour tous. Nous bâtirons la Cité du Soleil.

> *Un temps.*
> *La foule s'écoule lentement sans mot dire.*
> *Une femme passe près de Gœtz, lui saisit la*
> *main et se barbouille la figure de son sang.*
> *Hilda reste la dernière, elle s'approche de Gœtz,*
> *mais Gœtz ne la voit pas.*

HILDA

Ne leur fais pas de mal.

Gœtz ne répond pas. Elle s'en va. Gœtz chancelle et s'appuie contre un pilier.

GŒTZ

Ils sont à moi. Enfin.

RIDEAU

ACTE III

SEPTIÈME TABLEAU

Une place à Altweiler.

SCÈNE I

*Des paysans réunis autour d'une paysanne qui leur
sert d'instructeur. Plus tard, Karl et la jeune femme.*

L'INSTRUCTEUR

*C'est une jeune femme à l'air doux. Elle tient
un bâton avec lequel elle désigne des lettres tra-
cées sur le sol.*

Quelle est cette lettre?

UN PAYSAN

C'est un A.

L'INSTRUCTEUR

Et celle-ci?

UN AUTRE PAYSAN

C'est un M.

L'INSTRUCTEUR

Et ces trois-là?

UN PAYSAN

O S R.

L'INSTRUCTEUR

Non!

UN AUTRE PAYSAN

O U R.

L'INSTRUCTEUR

Et le mot entier?

UN PAYSAN

Amour.

TOUS LES PAYSANS

Amour, Amour...

L'INSTRUCTEUR

Courage, mes frères! bientôt vous saurez lire. Vous distinguerez le bien du mal et le vrai du faux. A présent, réponds, toi, là... Qu'est-ce que notre première nature?

UNE PAYSANNE, *répondant comme au catéchisme.*

Notre première nature est la nature que nous avions avant de connaître Gœtz.

L'INSTRUCTEUR

Qu'était-elle?

UN PAYSAN, *même jeu.*

Elle était mauvaise.

L'INSTRUCTEUR

Comment faut-il combattre notre première nature?

UN PAYSAN

En créant une seconde nature.

L'INSTRUCTEUR

Comment créer en nous une seconde nature?

UNE PAYSANNE

En apprenant au corps les gestes de l'amour.

L'INSTRUCTEUR

Les gestes de l'amour sont-ils l'amour?

UNE PAYSANNE

Non, les gestes de l'amour ne sont pas...
Hilda entre, les paysans la désignent.

L'INSTRUCTEUR

Quoi? *(Elle se retourne.)* Ah! Hilda!... *(Un temps.)*
Ma sœur... Tu nous gênes.

HILDA

Comment vous gênerais-je : je ne dis rien.

L'INSTRUCTEUR

Tu ne dis rien, mais tu nous regardes et nous
savons que tu ne nous approuves pas.

HILDA

Ne puis-je penser ce que je veux?

L'INSTRUCTEUR

Non, Hilda. Ici on pense au grand jour et tout
haut. Les pensées de chacun appartiennent à tous.
Veux-tu te joindre à nous?

HILDA

Non!

L'INSTRUCTEUR

Tu ne nous aimes donc pas?

HILDA

Si, mais à ma manière.

L'INSTRUCTEUR

N'es-tu pas heureuse de notre bonheur?

HILDA

Je... Ah! mes frères, vous avez tant souffert : si vous êtes heureux, il faut que je le sois aussi.

Entre Karl avec un bandeau sur les yeux, conduit par une jeune femme.

L'INSTRUCTEUR

Qui va là?

LA JEUNE FEMME

Nous cherchons la Cité du Soleil.

UN PAYSAN

La Cité du Soleil, vous y êtes.

LA JEUNE FEMME, *à Karl.*

Je l'aurais parié. Quel dommage que tu ne puisses voir leur bonne mine : elle te réjouirait.

Les paysans s'empressent autour d'eux.

LES PAYSANS

Les pauvres gens! Avez-vous soif? Avez-vous faim? Asseyez-vous donc!

KARL, *s'asseyant.*

Ah! vous êtes bien bons.

UN PAYSAN

Tout le monde est bon ici. Tout le monde est heureux.

UN AUTRE PAYSAN

Mais par ces temps troublés on ne voyage plus guère. Et nous sommes réduits à nous aimer entre nous. C'est pourquoi ta venue nous comble de joie.

UNE PAYSANNE

Il est doux de pouvoir gâter un étranger. Que voulez-vous?

LA JEUNE FEMME

Nous voulons voir l'homme aux mains qui saignent.

KARL

Est-ce vrai qu'il fait des miracles?

UNE PAYSANNE

Il ne fait que cela.

KARL

Est-ce vrai que ses mains saignent?

UN PAYSAN

Elles ne restent pas un jour sans saigner.

KARL

Alors je voudrais qu'il mette un peu de sang sur mes pauvres yeux afin de me rendre la vue.

UNE PAYSANNE

Ah! ah! C'est justement son affaire. Il te guérira!

KARL

Que vous avez de la chance, vous qui possédez un tel homme. Et vous ne faites plus jamais le mal?

UN PAYSAN

Personne ne boit, personne ne vole.

UN AUTRE PAYSAN

Interdit aux maris de battre leurs femmes.

UN PAYSAN

Interdit aux parents de frapper leurs enfants.

KARL, *s'asseyant sur le banc.*

Pourvu que ça dure.

UN PAYSAN

Ça durera autant que Dieu voudra.

KARL

Hélas!

Il soupire.

L'INSTRUCTEUR

Pourquoi soupires-tu?

KARL

La petite a vu partout des hommes en armes. Les paysans et les barons vont se battre.

L'INSTRUCTEUR

Sur les terres de Heidenstamm?

KARL

Non, mais tout autour d'elles.

L'INSTRUCTEUR

En ce cas, cela ne nous regarde pas. Nous ne voulons de mal à personne et notre tâche est de faire régner l'amour.

KARL

Bravo! Laissez-les donc s'entre-tuer. La haine, les massacres, le sang des autres sont les aliments nécessaires de votre bonheur.

UN PAYSAN

Qu'est-ce que tu dis? Tu es fou.

KARL

Ma foi, je répète ce qui se dit partout.

L'INSTRUCTEUR

Que dit-on?

KARL

Ils disent que votre bonheur a rendu leurs souffrances plus insupportables et que le désespoir les a
poussés aux résolutions extrêmes. *(Un temps.)* Bah!
Vous avez raison de ne pas vous en soucier : quelques
gouttes de sang sur votre bonheur, la belle affaire!
Ce n'est pas le payer trop cher!

L'INSTRUCTEUR

Notre bonheur est sacré. Gœtz nous l'a dit. Car
nous ne sommes pas heureux pour notre seul compte,
mais pour le compte de tous. Nous témoignons à
tous et devant tous que le bonheur est possible. Ce
village est un sanctuaire et tous les paysans devraient
tourner les yeux vers nous comme les chrétiens vers
la terre sainte.

KARL

Quand je retournerai au village, j'annoncerai partout cette bonne nouvelle. Je connais des familles
entières qui crèvent de faim et qui seront bien aises
d'apprendre que vous êtes heureux pour leur compte.
(Silence embarrassé des paysans.) Et que ferez-vous,
bonnes gens, si la guerre éclate?

UNE PAYSANNE

Nous prierons.

KARL

Ah! je crains que vous ne soyez obligés de prendre
parti.

L'INSTRUCTEUR

Pour cela, non!

TOUS LES PAYSANS

Non! Non! Non!

KARL

N'est-ce pas une guerre sainte que celle des esclaves
qui veulent devenir des hommes?

L'INSTRUCTEUR

Toutes les guerres sont impies, nous demeurerons
les gardiens de l'amour et les martyrs de la paix.

KARL

Les Seigneurs pillent, violent, tuent vos frères à
vos portes et vous ne les haïssez pas?

UNE PAYSANNE

Nous les plaignons d'être méchants.

TOUS LES PAYSANS

Nous les plaignons.

KARL

S'ils sont méchants, n'est-il pas juste que leurs
victimes se révoltent?

L'INSTRUCTEUR

La violence est injuste d'où qu'elle vienne.

KARL

Si vous condamnez les violences de vos frères,
vous approuvez donc celles des barons?

L'INSTRUCTEUR

Non, certes.

KARL

Il le faut bien, puisque vous ne voulez pas qu'elles
cessent.

L'INSTRUCTEUR

Nous voulons qu'elles cessent par la volonté des
barons eux-mêmes.

KARL

Et qui leur donnera cette volonté?

L'INSTRUCTEUR

Nous.

TOUS LES PAYSANS

Nous! Nous!

KARL

Et d'ici là, qu'est-ce que les paysans doivent faire?

L'INSTRUCTEUR

Se soumettre, attendre et prier.

KARL

Traîtres, vous voilà démasqués : vous n'avez
d'amour que pour vous-mêmes. Mais prenez garde;
si cette guerre éclate, on vous demandera des comptes
et l'on n'admettra point que vous soyez restés neutres
pendant que vos frères se faisaient égorger. Si les
paysans remportent la victoire, craignez qu'ils ne
brûlent la Cité du Soleil pour vous punir de les avoir
trahis. Quant aux Seigneurs, s'ils gagnent, ils ne
toléreront pas qu'une terre noble demeure aux mains
de serfs. Aux armes, les gars, aux armes! Si vous ne
vous battez pas par fraternité, que ce soit du moins
par intérêt : le bonheur, ça se défend.

UN PAYSAN

Nous ne nous battrons point.

KARL

Alors, on vous battra.

L'INSTRUCTEUR

Nous baiserons la main qui nous frappe, nous
mourrons en priant pour ceux qui nous tuent. Tant
que nous vivons nous avons la ressource de nous faire
périr, mais quand nous serons morts nous nous ins-
tallerons dans vos âmes et nos voix résonneront dans
vos oreilles.

KARL

Parblue, vous savez votre leçon! Ah! vous n'êtes
pas les plus coupables, le criminel c'est le faux prophète qui a mis dans vos yeux cette douceur égarée.

LES PAYSANS

Il insulte notre Gœtz!

Ils marchent sur lui.

LA JEUNE FEMME

Frapperez-vous un aveugle, vous qui prétendez
vivre pour aimer?

UN PAYSAN, *arrachant le bandeau de Karl.*

Bel aveugle! Regardez : c'est Karl, le valet du
château, son cœur est pourri par la haine et voici
plusieurs semaines qu'il rôde, prêchant la discorde
et la rébellion.

LES PAYSANS

Pendons-le!

HILDA

Eh bien, gentils moutons, vous voilà donc enra-
gés? Karl est un chien, car il vous pousse à la guerre.
Mais il dit vrai et je ne vous permettrai pas de frapper celui qui dit la vérité, d'où qu'il vienne. Il est
vrai, mes frères, que votre Cité du Soleil est bâtie sur
la misère des autres : pour que les barons la tolèrent,
il faut que leurs paysans se résignent à l'esclavage.
Mes frères je ne vous reproche pas votre bonheur,
mais je me sentais plus à l'aise quand nous étions
malheureux ensemble, car notre malheur était celui
de tous les hommes. Sur cette terre qui saigne toute
joie est obscène et les gens heureux sont seuls.

UN PAYSAN

Va! Tu n'aimes que la misère, Gœtz veut construire,
lui!

HILDA

Votre Gœtz est un imposteur. *(Rumeur.)* Eh bien? Qu'attendez-vous pour me battre et me pendre?

Entre Gœtz.

SCÈNE II

LES MÊMES, GŒTZ.

GŒTZ

Quels sont ces visages menaçants?

UN PAYSAN

Gœtz, c'est...

GŒTZ

Tais-toi! Je ne veux plus voir de sourcils froncés. Souriez d'abord, vous parlerez ensuite. Allons, souriez!

Les paysans sourient.

UN PAYSAN, *souriant.*

Cet homme vient nous prêcher la révolte.

GŒTZ

Tant mieux, c'est une épreuve. Il faut savoir entendre la parole de haine.

UNE PAYSANNE, *souriant.*

Il t'a insulté, Gœtz, et traité de faux prophète.

GŒTZ

Mon bon Karl, me hais-tu si fort?

KARL

Ma foi oui : assez fort.

GŒTZ

C'est donc que je n'ai pas su me faire aimer : pardonne-moi. Raccompagnez-le jusqu'à l'entrée du village, donnez-lui des vivres et le baiser de paix.

KARL

Tout ceci finira par un massacre, Gœtz. Que le sang de ces hommes retombe sur ta tête.

GŒTZ

Ainsi soit-il.

Ils sortent.

SCÈNE III

LES MÊMES, *moins* KARL *et la* JEUNE FEMME.

GŒTZ

Prions pour eux.

L'INSTRUCTEUR

Gœtz, il y a quelque chose qui nous tourmente.

GŒTZ

Parle.

L'INSTRUCTEUR

C'est rapport à Hilda. Nous l'aimons bien, mais elle nous gêne : elle n'est pas d'accord avec toi.

GŒTZ

Je le sais.

HILDA

Qu'est-ce que ça peut vous faire, puisque je m'en vais?

GŒTZ, *saisi.*

Tu t'en vas?

HILDA

Tout à l'heure.

GŒTZ

Pourquoi?

HILDA

Parce qu'ils sont heureux.

GŒTZ

Eh bien?

HILDA

Aux gens heureux, je suis inutile.

GŒTZ

Ils t'aiment.

HILDA

Bien sûr, bien sûr. Mais ils se consoleront.

GŒTZ

Ils ont encore besoin de toi.

HILDA

Tu crois? *(Elle se tourne vers les paysans.)* Est-ce que je vous fais encore besoin? *(Silence gêné des paysans.)* Tu vois bien. A quoi pourrais-je leur servir, puisqu'ils t'ont? Adieu.

GŒTZ, *aux paysans.*

Vous la laisserez partir sans un mot? Ingrats, qui donc vous a sauvés du désespoir quand vous étiez malheureux? Reste, Hilda, c'est en leur nom que je t'en prie. Et vous, je vous commande de lui rendre votre amour.

HILDA, *avec une soudaine violence.*

Garde tout : tu m'as volé ma bourse, mais tu ne me feras pas l'aumône avec mon argent.

L'INSTRUCTEUR

Reste, Hilda, puisqu'il le veut. Nous lui obéirons, je te le jure et nous t'aimerons comme le Saint Homme nous le commande.

HILDA

Chut! Chut! Vous m'avez aimée par un mouvement naturel de vos cœurs : à présent c'est fini, n'en parlons plus. Oubliez-moi, oubliez-moi vite : le plus tôt sera le mieux.

GŒTZ, *aux paysans.*

Laissez-nous.

Les paysans s'en vont.

SCÈNE IV

GŒTZ, HILDA.

GŒTZ

Où iras-tu?

HILDA

N'importe où. Ce n'est pas la misère qui manque.

GŒTZ

Toujours la misère! Toujours le malheur! N'y a-t-il rien d'autre?

HILDA

Pour moi rien. C'est ma vie.

GŒTZ

Faut-il toujours souffrir de leur souffrance? Est-ce qu'on ne peut pas se réjouir de leur bonheur?

HILDA, *violemment.*

Moi, je ne peux pas! Le beau bonheur! Ils bêlent. *(Avec désespoir.)* Ô Gœtz, depuis que tu es parmi nous, je suis l'ennemie de mon âme. Quand elle parle, j'ai honte de ce qu'elle dit. Je sais qu'ils n'ont plus faim et qu'ils travaillent moins dur : s'ils veulent ce bonheur de brebis, je dois le vouloir avec eux. Eh bien, je ne peux pas, je ne peux pas le vouloir. Il faut que je sois un monstre : j'ai moins d'amour pour eux depuis qu'ils ont moins de souffrance. Pourtant, j'ai la souffrance en horreur. *(Un temps.)* Est-ce que je suis méchante?

GŒTZ

Toi? Non. Tu es jalouse.

HILDA

Jalouse. Oui. A en crever. *(Un temps.)* Tu vois, il est grand temps que je m'en aille : tu m'as pourrie. Où que tu sois, quoi que tu entreprennes, il faut que tu fasses lever le mal dans les cœurs. Adieu.

GŒTZ

Adieu. *(Elle ne s'en va pas.)* Eh bien? Qu'est-ce que tu attends? *(Elle va pour sortir.)* Hilda, s'il te plaît, ne m'abandonne pas. *(Elle rit.)* Qu'as-tu?

HILDA, *sans méchanceté.*

C'est toi, toi qui m'as tout pris qui me demandes à moi de ne pas t'abandonner?

GŒTZ

Plus ils m'aiment et plus je suis seul. Je suis leur toit et je n'ai pas de toit. Je suis leur ciel et je n'ai pas de ciel. Si, j'en ai un : celui-ci, vois comme il est loin. Je voulais me faire pilier et porter la voûte céleste. Je t'en fous : le ciel est un trou. Je me demande même où Dieu loge. *(Un temps.)* Je ne les aime pas assez : tout vient de là. J'ai fait les gestes de l'amour, mais l'amour n'est pas venu : il faut croire que je ne suis pas doué. Pourquoi me regardes-tu?

HILDA

Tu ne les aimais même pas. Tu m'as volée pour rien.

GŒTZ

Ah! Ce n'était pas leur amour qu'il fallait te prendre, c'était le tien. Il faudrait que je les aime avec ton cœur. Tiens, je t'envie jusqu'à ta jalousie. Tu es là, tu les regardes, tu les touches, tu es chaleur, tu es lumière et *tu n'es pas* moi, c'est insupportable. Je ne comprends pas pourquoi nous faisons deux et je voudrais devenir toi en restant moi-même.

Entre Nasty.

SCÈNE V

GŒTZ, HILDA, NASTY.

NASTY, *d'une voix sourde.*

Gœtz! Gœtz! Gœtz!

GŒTZ, *se retournant.*

Qui est-ce?... Nasty!...

NASTY

Les hommes sont sourds.

GŒTZ

Sourds? Sourds à ta voix? C'est neuf.

NASTY

Oui. C'est neuf.

GŒTZ

Dieu te met à l'épreuve comme les autres? Nous
verrons comment tu t'en tireras.

NASTY

Que Dieu m'éprouve tant qu'il voudra. Je ne
douterai pas de lui ni de ma mission; et s'il doute de
moi, c'est qu'il est fou.

GŒTZ

Parle à présent.

NASTY, *désignant Hilda.*

Renvoie-la.

GŒTZ

Elle, c'est moi. Parle ou va-t'en.

NASTY

Bien. *(Un temps.)* La révolte a éclaté.

GŒTZ

Quelle révolte? *(Brusquement.)* Ce n'est pas moi!
Ce n'est pas ma faute! Qu'ils se massacrent entre
eux, je n'y suis pour rien!

NASTY

Ils n'étaient retenus que par la crainte de l'Église :
tu leur as prouvé qu'ils n'avaient pas besoin de
prêtres; à présent les prophètes pullulent. Mais ce
sont des prophètes de colère qui prêchent la ven-
geance.

GŒTZ

Et tout est mon œuvre?

NASTY

Oui.

GŒTZ

Tiens!

Il le frappe.

NASTY

Frappe! Frappe donc!

GŒTZ

Ha! *(Il tourne sur lui-même.)* Que le Mal était doux : je pouvais tuer! *(Il marche. Un temps.)* Allons! Qu'as-tu à me demander?

NASTY

Tu peux éviter le pire.

GŒTZ

Moi? *(Rire sec.)* J'ai le mauvais œil, imbécile. Comment oses-tu te servir de moi?

NASTY

Je n'ai pas le choix... Nous n'avons pas d'armes, pas d'argent, pas de chefs militaires et nos paysans sont trop indisciplinés pour faire de bons soldats. Dans quelques jours commenceront nos revers; dans quelques mois, les massacres.

GŒTZ

Alors?

NASTY

Il reste une chance. Aujourd'hui, je ne peux pas endiguer la révolte; dans trois mois, je le pourrai. Si nous gagnons une bataille rangée, une seule, les barons nous offriront la paix.

GŒTZ

Quel est mon rôle?

NASTY

Tu es le meilleur capitaine d'Allemagne.

GŒTZ, *il le regarde, puis se détourne.*

Ah! *(Un silence.)* Réparer! Toujours réparer! Vous me faites perdre mon temps, tous tant que vous êtes. Bon Dieu, j'ai autre chose à faire, moi.

NASTY

Et tu laisseras le monde entier s'entr'égorger pourvu que tu puisses construire ta Cité joujou, ta ville modèle?

GŒTZ

Ce village est une arche, j'y ai mis l'amour à l'abri, qu'importe le déluge si j'ai sauvé l'amour.

NASTY

Es-tu fou? Tu n'échapperas pas à la guerre, elle viendra te chercher jusqu'ici. *(Silence de Gœtz.)* Alors? tu acceptes?

GŒTZ

Pas si vite. *(Il revient sur Nasty.)* La discipline manque : il faudra que je la crée. Sais-tu ce que ça veut dire? Des pendaisons.

NASTY

Je le sais.

GŒTZ

Nasty, il faut pendre des pauvres. Les pendre au hasard, pour l'exemple : l'innocent avec le coupable. Que dis-je? Ils sont tous innocents. Aujourd'hui je suis leur frère et je vois leur innocence. Demain, si je suis leur chef, il n'y a plus que des coupables et je ne comprends plus rien : je pends.

NASTY

Soit. Il le faut.

GŒTZ

Il faut aussi que je me change en boucher; vous

n'avez ni les armes ni la science : le nombre est votre seul atout. Il faudra gaspiller les vies. L'ignoble guerre!

NASTY

Tu sacrifieras vingt mille hommes pour en sauver cent mille.

GŒTZ

Si seulement j'en étais sûr! Nasty, tu peux me croire je sais ce que c'est qu'une bataille : si nous engageons celle-ci, nous aurons cent chances contre une de la perdre.

NASTY

Je prendrai donc cette chance unique. Allons! Quels que soient les desseins de Dieu, nous sommes ses élus : moi son prophète et toi son boucher; il n'est plus temps de reculer.

Un temps.

GŒTZ

Hilda!

HILDA

Que veux-tu?

GŒTZ

Aide-moi. Que ferais-tu à ma place?

HILDA

Je ne serai jamais à ta place ni ne veux l'être. Vous êtes des meneurs d'hommes, vous autres, et je ne suis qu'une femme. A vous, je n'ai rien à donner.

GŒTZ

Je n'ai confiance qu'en toi.

HILDA

En moi?

GŒTZ

Plus qu'en moi-même.

HILDA

Pourquoi veux-tu me rendre complice de tes crimes? Pourquoi m'obliges-tu à décider à ta place? Pourquoi me donnes-tu puissance de vie et de mort sur mes frères?

GŒTZ

Parce que je t'aime.

HILDA

Tais-toi. *(Un temps.)* Ah! tu as gagné : tu m'as fait passer de l'autre côté de la barrière; j'étais avec ceux qui souffrent, à présent je suis avec ceux qui décident des souffrances. O Gœtz, jamais plus je ne pourrai dormir! *(Un temps.)* Je te défends de verser le sang. Refuse.

GŒTZ

Nous prenons la décision ensemble?

HILDA

Oui. Ensemble.

GŒTZ

Et nous en porterons les conséquences ensemble?

HILDA

Ensemble, quoi qu'il arrive.

NASTY, *à Hilda.*

De quoi te mêles-tu?

HILDA

Je parle au nom des pauvres.

NASTY

Personne d'autre que moi n'a le droit de parler en leur nom.

HILDA

Pourquoi donc?

NASTY

Parce que je suis l'un d'entre eux.

HILDA

Toi, un pauvre? Il y a beau temps que tu ne l'es plus. Tu es un chef.

> *Gœtz s'est plongé dans ses pensées et n'a pas écouté. Il relève brusquement la tête.*

GŒTZ

Pourquoi ne pas leur dire la vérité?

NASTY

Quelle vérité?

GŒTZ

Qu'ils ne savent pas se battre et qu'ils sont perdus s'ils commencent la guerre.

NASTY

Parce qu'ils tueront celui qui la leur dira.

GŒTZ

Et si c'était moi qui la leur disais?

NASTY

Toi?

GŒTZ

J'ai du crédit auprès d'eux parce que je suis prophète et que j'ai donné mes biens. Que faire du crédit, sinon le risquer?

NASTY

Une chance sur mille.

GŒTZ

Une chance sur mille : bien! As-tu le droit de la refuser?

NASTY

Non. Je n'ai pas le droit. Viens.

HILDA

N'y va pas.

GŒTZ, *la prend par les épaules.*

Ne crains rien : cette fois-ci, Dieu est de notre côté. *(Il appelle.)* Venez tous! *(Les paysans reviennent sur scène.)* On se bat partout. Demain, l'Allemagne entière va brûler. Je descends parmi les hommes pour sauver la paix.

TOUS LES PAYSANS

Hélas! Gœtz, ne nous abandonne pas. Que ferons-nous sans toi?

GŒTZ

Je reviendrai, mes frères : ici est mon Dieu, ici mon bonheur, ici sont mes amours; je reviendrai. Voici Hilda. Je vous confie à elle. Si, pendant mon absence, on voulait vous enrôler dans l'un ou l'autre parti, refusez de vous battre. Et si l'on vous menace, répondez aux menaces par l'amour. Rappelez-vous, mes frères, rappelez-vous : l'amour fera reculer la guerre.

Ils sortent.

SCÈNE VI

LES MÊMES, *moins* GŒTZ *et* NASTY.

LES PAYSANS

S'il ne revenait pas?

Un silence.

HILDA

Prions. *(Un temps.)* Prions pour que l'amour fasse reculer la guerre.

LES PAYSANS, *s'agenouillent.*

Mon Dieu, que l'amour fasse reculer la guerre.

HILDA, *debout.*

Que mon amour fasse reculer la guerre. Ainsi soit-il.

La scène est plongée dans le noir et les premières répliques du huitième tableau enchaînent immédiatement sur la dernière réplique de Hilda.

la crise se prépare et va se développer
jusqu'au 10ème

HUITIÈME
ET NEUVIÈME TABLEAUX

Le camp des paysans.
Rumeurs, cris dans l'obscurité.

SCÈNE I

GŒTZ, NASTY, KARL, LES PAYSANS.

VOIX

Hou! Hou! Hou!

VOIX DE GŒTZ, *dominant le tumulte.*

Vous mourrez tous!

VOIX

A mort! A mort! (*Lumière. Une clairière dans la forêt. C'est la nuit. Paysans avec des bâtons et des fourches. Quelques-uns ont des épées. D'autres tiennent des torches. Gœtz et Nasty sont debout sur un promontoire rocheux et dominent la foule.*) Hou! Hou! Hou!

GŒTZ

Pauvres gens, vous n'avez même pas le courage de regarder la vérité en face?

UNE VOIX

La vérité, c'est que tu es un traître.

GŒTZ

La vérité, mes frères, l'aveuglante vérité, c'est que vous ne savez pas vous battre.

Un paysan taillé en hercule s'avance.

LE COSTAUD

Je ne sais pas me battre? *(Hilarité de la foule.)* Hé, les gars, paraît que je ne sais pas me battre! Je t'attrape un taureau par les cornes et je lui tords le cou.

Gœtz saute sur le sol et s'approche de lui.

GŒTZ

Apparemment, grand frère, que tu es trois fois plus fort que moi?

LE COSTAUD

Moi, frérot?

Il lui donne une bourrade qui l'envoie à cinq pas.

GŒTZ

Parfait. *(A un des paysans.)* Donne ce bâton. *(A l'hercule.)* Et toi, prends celui-ci. En garde. Allons, pique, taille, sabre, estoque. *(Il pare, esquive ses coups.)* Tu vois! Tu vois! Tu vois! De quoi te sert ta force? Tu ne fais gémir que les esprits de l'air et saigner que le vent. *(Ils se battent.)* A présent, mon frère, pardonne-moi : je vais t'assommer un tout petit peu. C'est pour le bien commun. Là! *(Il l'assomme.)* Doux Jésus, pardon. *(Le Paysan s'écroule.)* Êtes-vous convaincus : c'était le plus fort et je suis loin d'être le plus habile. *(Un temps. Les paysans se taisent, étonnés. Gœtz jouit un instant de sa victoire puis il reprend :)* Voulez-vous que je vous dise pourquoi vous n'avez pas peur de la mort? Chacun de vous pense qu'elle tombera sur le voisin. *(Un temps.)* Mais voici que je m'adresse à Dieu Notre Père et que je lui dis : Mon Dieu, si tu veux que j'aide ces hommes-là, fais-moi connaître d'un signe ceux qui périront à la guerre. *(Tout à coup il feint la frayeur.)* Ho! ho! ho! ho! Qu'est-ce que je vois? Aïe, mes frères, qu'est-ce qui vous arrive? L'atroce vision! Ah! vous voilà bien arrangés!

UN PAYSAN, *inquiet.*

Qu'y a-t-il? Qu'est-ce que c'est?...

GŒTZ

Il y a que Dieu a fait fondre vos chairs comme cire à cacheter : je ne vois plus que vos os! Bonne Vierge! Tous ces squelettes.

UN PAYSAN

D'après toi, qu'est-ce que ça veut dire?

GŒTZ

Dieu ne veut pas de la révolte et me désigne ceux qui vont y laisser leur peau.

LE PAYSAN

Qui, par exemple?

GŒTZ

Qui? *(Il tend l'index vers lui, et d'une voix terrible.)* Toi! *(Silence.)* Et toi! Et toi! Et toi! Quelle danse macabre!

UN PAYSAN, *ébranlé mais doutant encore.*

Qui nous prouve que tu es prophète?

GŒTZ

Hommes de peu de foi, si vous voulez des preuves, regardez ce sang. *(Il lève les mains. Silence. A Nasty.)* J'ai gagné.

NASTY, *entre ses dents.*

Pas encore. *(Karl s'avance.)* Prends garde à celui-ci, c'est le plus coriace.

KARL

O mes frères trop crédules, quand donc apprendrez-vous la méfiance? Vous êtes si doux et si tendres que vous ne savez même pas haïr! Aujourd'hui encore, il suffit qu'un homme vous parle à voix de Seigneur pour que vous courbiez la tête. Quoi donc? Il y a un peu de sang sur ses mains? La belle affaire! S'il faut saigner pour vous convaincre, je saignerai.

> *Il lève les mains en l'air, elles se mettent à saigner.*

GŒTZ

Qui es-tu?

KARL

Prophète comme toi.

GŒTZ

Prophète de haine!

KARL

C'est le seul chemin qui mène à l'amour.

GŒTZ

Mais je te reconnais. Tu es Karl, mon valet.

KARL

Pour te servir.

GŒTZ

Un valet-prophète, c'est bouffon.

KARL

Pas plus qu'un général-prophète.

GŒTZ, *descendant les marches.*

Fais voir tes mains! *(Il les retourne.)* Parbleu, cet homme cachait dans ses manches des vessies pleines de sang.

KARL

Fais voir les tiennes. *(Il les regarde.)* Cet homme gratte avec ses ongles de vieilles plaies pour en faire, sortir quelques gouttes de pus. Allons, mes frères mettez-nous à l'épreuve et décidez lequel de nous est prophète.

RUMEURS

Oui... Oui...

KARL

Sais-tu faire ça? *(Il fait fleurir une baguette.)* Et ça? *(Il sort un lapin de son chapeau.)* Et ça? *(Il s'entoure de fumée.)* Montre-nous ce que tu sais faire.

GŒTZ

Ce sont des jongleries que j'ai vues cent fois sur les places publiques. Je ne suis pas bateleur.

UN PAYSAN

Ce que fait un bateleur, un prophète doit savoir le faire.

GŒTZ

Je n'entrerai pas en compétition des miracles avec mon valet de chambre. Mes frères, j'étais général avant d'être prophète. Il s'agit de guerre : si vous ne croyez pas au prophète, faites confiance au général.

KARL

Vous ferez confiance au général quand le général aura prouvé qu'il n'est pas un traître.

GŒTZ

Ingrat! C'est pour l'amour de toi et de tes frères que je me suis dépouillé de mes biens.

KARL

Pour l'amour de moi?

GŒTZ

Oui, de toi qui me hais.

KARL

Tu m'aimes donc?

GŒTZ

Oui, mon frère, je t'aime.

KARL, *triomphant.*

Il s'est trahi, mes frères! Il nous ment! Regardez ma gueule et dites-moi comment on pourrait m'aimer. Et vous, les gars, vous tous tant que vous êtes, croyez-vous que vous êtes aimables?

GŒTZ

Idiot! Si je ne les aimais pas, pourquoi leur aurais-je donné mes terres?

KARL

En effet. Pourquoi? Toute la question est là. *(Brusquement.)* Dieu! Dieu qui sonde les reins et les cœurs, au secours! Je te prête mon corps et ma bouche : dis-nous pourquoi Gœtz le bâtard a donné ses terres.

Karl se met à pousser des cris épouvantables.

LES PAYSANS

Dieu est là!
Dieu va parler!

Ils s'agenouillent.

GŒTZ

Dieu! Il ne manquait plus que ça.

KARL, *il a fermé les yeux et parle d'une voix étrange qui ne semble pas lui appartenir.*

Holà, ho! ho! la terre!

LES PAYSANS

Holà, ho! Holà, ho!

KARL, *même jeu.*

Ici, Dieu, je vous vois : les hommes, je vous vois.

LES PAYSANS

Aie pitié de nous.

KARL, *même jeu.*

Gœtz est-il là?

UN PAYSAN

Oui, notre Père, sur la droite, un peu en arrière de toi.

KARL, *même jeu.*

Gœtz! Gœtz! Pourquoi leur as-tu donné tes terres? Réponds.

GŒTZ

A qui ai-je l'honneur de parler?

KARL, *même jeu.*

Je suis celui qui suis.

GŒTZ

Eh bien, si tu es qui tu es, c'est que tu sais ce que tu sais et tu dois savoir pourquoi j'ai fait ce que j'ai fait.

LES PAYSANS, *menaçants.*

Hou! Hou! Réponds! Réponds!

GŒTZ

A vous, je réponds, mes frères. A vous, pas à lui. J'ai donné mes terres pour que tous les hommes soient égaux.

Karl rit.

LES PAYSANS

Dieu qui rit!
Dieu qui rit!

Nasty a descendu les marches et s'est placé derrière Gœtz.

KARL, *même jeu.*

Tu mens, Gœtz, tu mens à ton Dieu.

Et vous, mes fils, écoutez!

Quoi que fasse un Seigneur, il ne sera jamais votre
égal.

Et voilà pourquoi je vous demande de les tuer tous.

Celui-ci vous a donné ses terres.

Mais vous, pouviez-vous lui donner les vôtres?

Il pouvait choisir de donner ou de garder.

Mais vous, pouviez-vous refuser?

A celui qui donne un baiser ou un coup

Rendez un baiser ou un coup.

Mais à celui qui donne sans que vous puissiez
rendre

Offrez toute la haine de votre cœur.

Car vous étiez esclaves et il vous asservit.

Car vous étiez humiliés et il vous humilie davantage.

Cadeau du matin, chagrin!

Cadeau du midi, souci!

Cadeau du soir, désespoir!

GŒTZ

Ah! le beau prêche! Qui vous a donné la vie et la
lumière? C'est Dieu : le don est sa loi, quoi qu'il
fasse, il donne. Et qu'est-ce que vous pouvez lui
rendre, vous qui n'êtes que poussière? Rien! Conclu-
sion : c'est Dieu que vous devez haïr.

LE PAYSAN

Dieu, c'est différent.

GŒTZ

Pourquoi nous a-t-il créés à son image? Si Dieu
est générosité et amour, l'homme, sa créature, doit
être amour et générosité! Mes frères, je vous en
conjure : acceptez mes dons et mon amitié. Je ne
vous demande pas, oh non, de reconnaissance; je
voudrais simplement que vous ne condamniez pas
mon amour comme un vice et que vous ne me repro-
chiez pas mes cadeaux comme des crimes.

UN PAYSAN

Cause toujours : moi, je n'aime pas les aumônes.

KARL, *reprenant sa voix naturelle
et montrant le mendiant.*

En voilà un qui a compris. Les terres sont à vous : celui qui prétend vous les donner vous dupe, car il donne ce qui n'est pas à lui. Prenez-les! Prenez et tuez, si vous voulez devenir des hommes. C'est par la violence que nous nous éduquerons.

GŒTZ

N'y a-t-il que la haine, mes frères? Mon amour...

KARL

Ton amour vient du diable, il pourrit ce qu'il touche. Ah! les gars, si vous pouviez voir les gens d'Altweiler : il lui a suffi de trois mois pour faire d'eux des castrats. Il vous aimera si fort qu'il tranchera toutes les couilles du pays pour les remplacer par des pervenches. Ne vous laissez pas faire : vous étiez des bêtes et la haine vous a changés en hommes; si on vous l'ôte, vous retomberez à quatre pattes et vous retrouverez le malheur muet des bêtes.

GŒTZ

Nasty! Aide-moi.

NASTY, *désignant Karl.*

La cause est jugée. Dieu est avec lui.

GŒTZ, *stupéfait.*

Nasty!

LES PAYSANS

Va-t'en! Va-t'en! au diable!

GŒTZ, *emporté par la rage.*

Je m'en vais, n'ayez pas peur. Courez à la mort; si vous crevez, je danserai. Que vous êtes laids!

Peuple de lémures et de larves, je remercie Dieu de
m'avoir montré vos âmes; car j'ai compris que je
m'étais trompé; il est juste que les nobles possèdent
le sol, car ils ont l'âme fière; il est juste que vous
marchiez à quatre pattes, croquants, car vous n'êtes
que des porcs.

LES PAYSANS, *veulent se jeter sur lui.*

A mort! A mort!

GŒTZ, *arrachant une épée à un paysan.*

Venez me prendre!

NASTY, *levant la main.*

Assez. *(Silence absolu.)* Cet homme s'est fié à
votre parole. Apprenez à la tenir, même envers
l'ennemi.

> *La scène se vide peu à peu et retombe dans
> les ténèbres. La dernière torche est fixée au
> rocher; Nasty la prend à la main et va pour
> partir.*

NASTY

Va-t'en, Gœtz; va-t'en vite!

GŒTZ

Nasty! Nasty! pourquoi m'as-tu abandonné?

NASTY

Parce que tu as échoué.

GŒTZ

Nasty, ce sont des loups. Comment peux-tu rester
avec eux?

NASTY

Tout l'amour de la terre est en eux.

GŒTZ

En eux? Si tu as pu trouver une paillette d'amour

dans ces tonnes de fumier, c'est que tu as de bons yeux. Moi, je n'ai rien vu.

NASTY

C'est vrai, Gœtz : tu n'as rien vu.

Il sort.
La nuit.
Des rumeurs qui s'éloignent, un cri de femme lointain, puis une faible lumière sur Gœtz.

SCÈNE II

GŒTZ, *seul.*

GŒTZ

Vous crèverez, chiens! Je vous nuirai de façon mémorable. A moi, ma méchanceté : viens me rendre léger! *(Un temps.)* C'est pour rire. Le Bien m'a rincé l'âme : plus une goutte de venin. Parfait : en route pour le Bien, en route pour Altweiler; il faut me pendre ou faire le Bien. Mes enfants m'attendent, mes chapons, mes castrats, mes anges de basse-cour : ils me feront fête. Bon Dieu, qu'ils m'ennuient. Ce sont les autres que j'aime : les loups. *(Il se met en marche.)* Eh bien, Seigneur, à toi de me guider dans la nuit obscure. Puisqu'il faut persévérer malgré l'échec, que tout échec me soit un signe, tout malheur une chance, toute disgrâce une grâce : donne-moi le bon emploi de mes infortunes, Seigneur, je le crois, je veux le croire, tu as permis que je roule hors du monde parce que tu me veux tout à toi.

Et voilà, mon Dieu : nous sommes de nouveau face à face, comme au bon vieux temps où je faisais le mal. Ah! je n'aurais jamais dû m'occuper des hommes : ils gênent. Ce sont des broussailles qu'il faut écarter pour parvenir à toi. Je viens de toi, Seigneur, je viens, je marche dans ta nuit : donne-moi la main. Dis : La nuit, c'est toi, hein? La nuit, l'absence déchirante de tout! Car tu es celui qui est présent dans l'universelle absence, celui qu'on entend quand tout est silence, celui qu'on voit quand on ne voit plus rien. Vieille nuit, grande nuit d'avant les êtres, nuit du non-savoir, nuit de la disgrâce et du malheur, cache-moi, dévore mon corps immonde, glisse-toi entre mon âme et moi-même et ronge-moi. Je veux le dénuement, la honte et la solitude du mépris, car l'homme est fait pour détruire l'homme en lui-même et pour s'ouvrir comme une femelle au grand corps noir de la nuit. Jusqu'à ce que je goûte à tout, je n'aurai plus de goût à rien, jusqu'à ce que je possède tout je ne posséderai plus rien. Jusqu'à ce que je sois tout, je ne serai plus rien en rien. Je m'abaisserai au-dessous de tous et toi, Seigneur, tu me prendras dans les filets de ta nuit et tu m'élèveras au-dessus d'eux. *(D'une voix forte et angoissée.)* Mon Dieu! Mon Dieu! Est-ce ta volonté? Cette haine de l'homme, ce mépris de moi-même, ne les ai-je pas déjà cherchés, quand j'étais mauvais? La solitude du Bien, à quoi la reconnaîtrai-je de la solitude du Mal? *(Le jour s'est levé lentement.)* Le jour se lève, j'ai traversé ta nuit. Sois béni de me donner la lumière : je vais voir clair. *(Il se retourne et voit Altweiler en ruine. Hilda est assise sur un tas de pierres et de gravats, la tête entre ses mains. Il crie.)* Ha!

SCÈNE III

GŒTZ, HILDA.

HILDA, *relève la tête et regarde.*

Enfin!

GŒTZ

Où sont les autres? Morts? Pourquoi? Parce qu'ils refusaient de se battre?

HILDA

Oui.

GŒTZ

Rends-moi ma nuit; cache-moi les hommes. *(Un temps.)* Comment est-ce arrivé?

HILDA

Des paysans sont venus de Walsheim avec des armes; ils nous ont demandé de nous joindre à eux et nous n'avons pas voulu.

GŒTZ

Alors, ils ont mis le feu au village. C'est parfait. *(Il éclate de rire.)* Pourquoi n'es-tu pas morte avec les autres?

HILDA

Tu le regrettes?

GŒTZ

Parbleu! Pas de survivants, c'était tellement plus simple.

HILDA

Je le regrette aussi. *(Un temps.)* Ils nous avaient enfermés dans une maison et ils y avaient mis le feu. C'était bien.

GŒTZ

Oui, c'était bien, c'était très bien.

HILDA

A la fin, une fenêtre s'est ouverte. J'ai sauté. La mort ça m'était égal, mais je voulais te revoir.

GŒTZ

Pour quoi faire? Tu m'aurais revu au ciel.

HILDA

Nous n'irons pas au ciel, Gœtz, et même si nous y entrions tous les deux, nous n'aurions pas d'yeux pour nous voir, pas de mains pour nous toucher.

Là-haut, on ne s'occupe que de Dieu. *(Elle vient le toucher.)* Tu es là : un peu de chair usée, rugueuse, misérable, une vie — une pauvre vie. C'est cette chair et cette vie que j'aime. On ne peut aimer que sur terre et contre Dieu.

GŒTZ

Je n'aime que Dieu et je ne suis plus sur terre.

HILDA

Alors tu ne m'aimes pas?

GŒTZ

Non. Et toi non plus Hilda, toi non plus tu ne m'aimes pas. Ce que tu prends pour de l'amour, c'est de la haine.

HILDA

Pourquoi te haïrais-je?

GŒTZ

Parce que tu crois que j'ai tué les tiens.

HILDA

C'est moi qui les ai tués.

GŒTZ

Toi?

HILDA

C'est moi qui ai dit non. Je les aimais mieux morts qu'assassins. O Gœtz, de quel droit ai-je choisi pour eux?

GŒTZ

Bah! Fais comme moi! Lave-toi les mains de tout ce sang. Nous ne sommes rien, nous ne pouvons rien sur rien. L'homme rêve qu'il agit, mais c'est Dieu qui mène.

HILDA

Non, Gœtz, non. Sans moi, ils vivraient encore.

GŒTZ

Eh bien, soit. Sans toi, peut-être. Moi je n'y suis pour rien.

HILDA

« Nous avons pris la décision ensemble et nous en supporterons les conséquences ensemble. » Souviens-toi.

GŒTZ

Nous ne sommes pas ensemble. Tu as voulu me voir? Eh bien, regarde-moi, touche-moi. Bien : à présent va-t'en. De ma vie, je ne regarderai plus un visage. Je n'aurai d'yeux que pour la terre et les pierres. *(Un temps.)* Je t'ai interrogé, mon Dieu, et tu m'as répondu. Sois béni parce que tu m'as révélé la méchanceté des hommes. Je châtierai leurs fautes sur ma propre chair, je tourmenterai ce corps par la faim, le froid et le fouet : à petit feu, à tout petit feu. Je détruirai l'homme puisque tu l'as créé pour qu'il soit détruit. C'était mon peuple : un tout petit peuple, un seul village, presque une famille. Mes sujets sont morts et moi, le vif, je meurs au monde et je passerai le reste de ma vie à méditer sur la mort. *(A Hilda.)* Tu es encore là? Va-t'en. Va chercher ailleurs la misère et la vie.

HILDA

Le plus misérable, c'est toi : ici est ma place. Je resterai ici.

DIXIÈME TABLEAU

Le village en ruine, six mois plus tard.

SCÈNE I

HILDA, *puis* HEINRICH.

Assise à la même place qu'au tableau précédent, Hilda regarde vers la route. On devine tout à coup qu'elle voit arriver quelqu'un. Elle se dresse à demi et attend.

Heinrich entre, des fleurs à son chapeau, un bouquet à la main.

HEINRICH

Nous voilà. *(Il se tourne vers un personnage invisible.)* Ote ton bonnet. *(A Hilda.)* Je m'appelle Heinrich; autrefois je disais la messe, aujourd'hui je vis d'aumônes. *(Au Diable.)* Où cours-tu? Viens ici. *(A Hilda.)* Quand ça sent la mort, il est à son affaire. Mais il ne ferait pas de mal à une mouche.

HILDA

Il y a un an et un jour, n'est-ce pas? Un an et un jour depuis Worms?

HEINRICH

Qui te l'a dit?

HILDA

J'ai compté les jours.

HEINRICH

On t'a parlé de moi?

HILDA

Oui. Autrefois.

HEINRICH

Belle journée, hein? J'ai cueilli des fleurs sur la route : c'est un bouquet d'anniversaire.

Il les lui tend.

HILDA

Je n'en veux pas.

Elle les pose à côté d'elle.

HEINRICH

Il ne faut pas avoir peur des gens heureux.

HILDA

Tu n'es pas heureux.

HEINRICH

Je te dis que c'est fête : cette nuit j'ai dormi. Allons, petite sœur, il faut me sourire : j'aime tous les hommes sauf un et je veux que tout le monde soit content. *(Brusquement.)* Va le chercher. *(Elle ne bouge pas.)* Allons! Ne le fais pas attendre.

HILDA

Il ne t'attend pas.

HEINRICH

Lui? Tu m'étonnes. Nous sommes une paire d'amis

et je parie qu'il s'est fait beau pour me recevoir.

HILDA

Épargne-le. Reprends ton bouquet et va-t'en.

HEINRICH, *au Diable.*

Tu l'entends?

HILDA

Laisse ton Diable, je n'y crois pas.

HEINRICH

Moi non plus.

HILDA

Eh bien, alors?

HEINRICH, *riant.*

Ha! ha! ha! Tu es une enfant.

HILDA

Celui qui t'a offensé n'est plus : il est mort au monde. Il ne te reconnaîtrait même pas et toi, je suis sûre que tu ne pourrais pas le reconnaître. Tu cherches un homme et tu en retrouveras un autre.

HEINRICH

Je prendrai ce que je trouverai.

HILDA

Épargne-le, je t'en supplie. Pourquoi voudrais-tu me nuire à moi qui ne t'ai rien fait?

HEINRICH

Je ne songe pas à te nuire : tu me plais beaucoup.

HILDA

Par toutes les blessures que tu lui feras, je saignerai.

HEINRICH

Tu l'aimes?

HILDA

Oui.

HEINRICH

On peut donc l'aimer? C'est drôle. *(Il rit.)* Moi, plusieurs personnes ont essayé. Mais sans succès. T'aime-t-il?

HILDA

Il m'a aimée tant qu'il s'est aimé lui-même.

HEINRICH

S'il t'aime, je regretterai moins de te faire souffrir.

HILDA

Pardonne-lui ses offenses et Dieu te pardonnera les tiennes.

HEINRICH

Mais je n'ai pas envie du tout qu'Il me pardonne. La Damnation a ses bons côtés, le tout est de s'y faire. Je m'y suis fait. Je ne suis pas encore en Enfer et j'y ai déjà mes petites habitudes.

HILDA

Pauvre homme!

HEINRICH, *en colère.*

Non! Non! Non! Je ne suis pas un pauvre homme. Je suis heureux, je te dis que je suis heureux. *(Un temps.)* Allons! Appelle-le. *(Elle se tait.)* Il vaut mieux que ce soit toi qui l'appelles : il aura la surprise de me voir. Tu ne veux pas? Je l'appellerai donc moi-même. Gœtz! Gœtz! Gœtz!

HILDA

Il n'est pas ici.

HEINRICH

Où est-il?

HILDA

Dans la forêt. Il y reste parfois des semaines entières.

HEINRICH

Loin d'ici?

HILDA

A vingt-cinq lieues.

HEINRICH, *au Diable.*

Tu la crois, toi? *(Il ferme les yeux et écoute ce que lui souffle le Diable.)* Oui. Oui. Oui. *(Il sourit malicieusement. Puis :)* Eh bien, comment puis-je le trouver?

HILDA

Cherche, bon curé, cherche. Ton camarade saura te guider.

HEINRICH

Dieu te garde, ma sœur. *(Au Diable.)* Allons, viens, toi.

> *Il disparaît. Hilda reste seule et le suit des yeux.*

SCÈNE II

HILDA, GŒTZ.

Gœtz entre, portant un fouet dans sa main droite, une cruche dans sa main gauche. Il a l'air épuisé.

GŒTZ

Qui m'appelle? *(Hilda ne répond pas.)* Il y avait quelqu'un qui m'appelait. J'ai entendu sa voix.

HILDA

Tu entends toujours des voix quand tu jeûnes.

GŒTZ

D'où viennent ces fleurs?

HILDA

Je les ai cueillies.

GŒTZ

Ça ne t'arrive pas souvent de cueillir des fleurs.
(Un temps.) Quel jour sommes-nous? Quel jour de
l'année?

HILDA

Pourquoi me le demandes-tu?

GŒTZ

Quelqu'un devait venir cet automne.

HILDA

Qui?

GŒTZ

Je ne sais plus. *(Un temps.)* Dis. Quel jour? Quel
jour de quel mois?

HILDA

Crois-tu que je compte les jours? Il n'y en a plus
qu'un seul, toujours recommencé : on nous le donne
à l'aube et on nous le retire à la nuit. Tu es une
horloge arrêtée qui dit toujours la même heure.

GŒTZ

Arrêtée? Non : j'avance. *(Il agite la cruche.)* Tu
entends? Ça clapote. L'eau fait une musique d'ange :
j'ai l'Enfer dans la gorge et le Paradis dans les
oreilles.

HILDA

Il y a combien de temps que tu n'as pas bu?

GŒTZ

Trois jours. Il faut que je tienne jusqu'à demain.

HILDA

Pourquoi jusqu'à demain?

GŒTZ, *riant d'un air idiot.*

Ha! Ha! Il le faut! Il le faut! *(Un temps. Il remue la cruche.)* Clapp! Clapp! Hein? Je ne connais pas de bruit plus déplaisant pour un homme qui meurt de soif.

HILDA

Amuse-toi, cajole tes désirs. Boire quand on a soif, ce serait trop simple! Si tu n'entretenais sans cesse une tentation dans ton âme, tu risquerais de t'oublier.

GŒTZ

Comment pourrais-je me vaincre si je ne me tentais pas?

HILDA

O Gœtz, est-il possible que tu croies vivre cette journée pour la première fois? La cruche, le bruit de l'eau, ces peaux blanches sur tes lèvres, je connais tout par cœur. Est-ce que tu ne sais pas ce qui va arriver?

GŒTZ

Je tiendrai jusqu'à demain matin : c'est tout.

HILDA

Tu n'as jamais tenu jusqu'au bout parce que tu t'imposes des épreuves trop longues. Tu vas remuer cette cruche jusqu'à ce que tu tombes. Et quand tu seras tombé, je te ferai boire.

GŒTZ

Tu veux du neuf? En voici. *(Il penche la cruche.)*

Les fleurs ont soif. Buvez, les fleurs, buvez mon eau,
que le Ciel visite vos petits gosiers d'or. Tu vois :
elles renaissent. La Terre et les plantes acceptent
mes dons : ce sont les hommes qui te refusent. *(Il
renverse la cruche.)* Et voilà : plus moyen de boire.
(Il rit et répète péniblement.) Plus moyen... Plus
moyen...

HILDA

Est-ce la volonté de Dieu que tu deviennes gâteux?

GŒTZ

Bien sûr. Il faut détruire l'homme, n'est-ce pas?
(Il jette la cruche.) Eh bien, fais-moi boire, à présent!

Il tombe.

HILDA, *le regarde froidement puis se met à rire.*

Tu penses bien que j'ai toujours de l'eau en réserve :
je te connais. *(Elle va chercher une cruche d'eau,
revient et soulève la tête de Gœtz.)* Allons, bois.

GŒTZ

Pas avant demain.

HILDA

Dieu te souhaite maniaque et gâteux, mais non
point mort. Donc, il faut boire.

GŒTZ

Je fais trembler l'Allemagne et me voici sur le dos
comme un nourrisson aux mains d'une nourrice.
Es-tu satisfait, Seigneur, et connais-tu pire abjection
que la mienne? Hilda, toi qui prévois tout, si j'étanche
ma soif tu sais ce qui viendra après?

HILDA

Oui, je sais, le grand jeu, la tentation de la chair :
tu voudras coucher avec moi.

GŒTZ

Et tu veux tout de même que je boive?

HILDA

Oui.

GŒTZ

Si je me jetais sur toi?

HILDA

Dans l'état où tu es? Allons, tout est réglé comme la messe : tu crieras des injures et des obscénités et puis pour finir tu te donneras le fouet. Bois.

GŒTZ, *prenant la cruche.*

Encore une défaite! *(Il boit.)* Le corps est une chiennerie.

Il boit.

HILDA

Le corps est bon. La chiennerie, c'est ton âme.

GŒTZ, *reposant la cruche.*

La soif est partie; je me sens vide. *(Un temps.)* J'ai sommeil.

HILDA

Dors.

GŒTZ

Non, puisque j'ai sommeil. *(Il la regarde.)* Montre tes seins. *(Elle ne bouge pas.)* Allons, montre-les, tente-moi; fais-moi crever de désir. Non? Ah! garce, pourquoi?

HILDA

Parce que je t'aime.

GŒTZ

Chauffe ton amour à blanc, plonge-le dans mon cœur, que ça grésille et que ça fume! Si tu m'aimes, il faut me torturer.

HILDA

Je suis à toi : pourquoi ferais-je de mon corps une machine à supplices?

GŒTZ

Si tu voyais en moi, tu m'écraserais la gueule. Ma tête est un sabbat dont tu es toutes les sorcières.

HILDA, *riant.*

Tu te vantes.

GŒTZ

Je voudrais que tu sois une bête pour te monter comme une bête.

HILDA

Comme tu souffres d'être un homme!

GŒTZ

Je ne suis pas un homme, je ne suis rien. Il n'y a que Dieu. L'homme, c'est une illusion d'optique. Je te dégoûte, hein?

HILDA, *tranquillement.*

Non, puisque je t'aime.

GŒTZ

Tu vois bien que je cherche à t'avilir?

HILDA

Oui, parce que je suis ton bien le plus précieux.

GŒTZ, *avec colère.*

Tu ne joues pas le jeu!

HILDA

Non, je ne le joue pas.

GŒTZ

Tant que tu resteras près de moi, je ne me sentirai pas tout à fait immonde.

HILDA

C'est pour ça que je reste.

Gœlz se lève péniblement.

GŒTZ

Si je te prends dans mes bras, me repousseras-tu?

HILDA

Non.

GŒTZ

Même si je viens à toi le cœur rempli d'ordures?

HILDA

Si tu oses me toucher, c'est que ton cœur sera pur.

GŒTZ

Hilda, comment peut-on s'aimer sans honte? Le péché de concupiscence est le plus abject.

HILDA

Regarde-moi, regarde-moi bien, regarde mes yeux, mes lèvres, ma gorge et mes bras : suis-je un péché?

GŒTZ

Tu es belle. La Beauté, c'est le Mal.

HILDA

Tu en es sûr?

GŒTZ

Je ne suis plus sûr de rien. *(Un temps.)* Si j'assouvis mes désirs, je pèche mais je m'en délivre; si je refuse de les satisfaire, ils infectent l'âme tout entière... La nuit tombe : au crépuscule il faut avoir bonne vue pour distinguer le Bon Dieu du Diable. *(Il s'approche, la touche et s'éloigne brusquement.)* Coucher avec toi sous l'œil de Dieu? Non : je n'aime pas les partouzes. *(Un temps.)* Si je connaissais une nuit assez profonde pour nous cacher à son regard...

HILDA

L'amour est cette nuit-là : les gens qui s'aiment,
Dieu ne les voit plus.

Gœtz hésite puis se rejette en arrière.

GŒTZ

Donnez-moi les yeux du lynx de Béotie pour que
mon regard pénètre sous cette peau. Montrez-moi ce
qui se cache dans ces narines et dans ces oreilles. Moi
qui répugne à toucher du doigt le fumier, comment
puis-je désirer tenir dans mes bras le sac d'excréments
lui-même?

HILDA, *violemment.*

Il y a plus d'ordures dans ton âme que dans mon
corps. C'est dans ton âme qu'est la laideur et la saleté
de la chair. Moi je n'ai pas besoin d'un regard de
lynx : je t'ai soigné, lavé, j'ai connu l'odeur de ta
fièvre. Ai-je cessé de t'aimer? Chaque jour tu ressembles un peu plus au cadavre que tu seras et je
t'aime toujours. Si tu meurs, je me coucherai contre
toi et je resterai là jusqu'à la fin, sans manger ni
boire, tu pourriras entre mes bras et je t'aimerai
charogne : car l'on n'aime rien si l'on n'aime pas tout.

GŒTZ, *lui tendant le fouet.*

Fouette-moi. *(Hilda hausse les épaules.)* Allons,
fouette, fouette, venge sur moi Catherine morte, ta
jeunesse perdue et tous ces gens qu'on a brûlés par
ma faute.

HILDA, *éclatant de rire.*

Oui, je te fouetterai, sale moine, je te fouetterai
parce que tu as ruiné notre amour.

Elle prend le fouet.

GŒTZ

Sur les yeux, Hilda, sur les yeux.

SCÈNE III

LES MÊMES, HEINRICH.

HEINRICH

Fouettez! Fouettez! Faites comme si je n'étais pas là. *(Il s'avance. A Hilda.)* Le camarade m'a soufflé d'aller faire un tour et de revenir doucement. On ne le trompe pas, tu sais. *(A Gœtz.)* Elle voulait nous empêcher de nous revoir. Est-ce vrai que tu ne m'attendais pas?

GŒTZ

Moi? Je comptais les jours.

HILDA

Tu les comptais? Oh! Gœtz, tu m'as menti. *(Elle le regarde.)* Qu'est-ce que tu as? Tes yeux brillent, tu n'es plus le même.

GŒTZ

C'est le plaisir de le revoir.

HILDA

Drôle de plaisir : il va te faire tout le mal qu'il pourra.

GŒTZ

C'est la preuve qu'il m'aime. Tu es jalouse, hein? *(Elle ne répond pas. Il se tourne vers Heinrich.)* Les fleurs, c'est toi qui les as cueillies?

HEINRICH

Oui. Pour toi.

GŒTZ

Merci.

Il ramasse le bouquet.

HEINRICH

Bon anniversaire, Gœtz.

GŒTZ

Bon anniversaire, Heinrich.

HEINRICH

Tu vas probablement mourir cette nuit...

GŒTZ

Vraiment? Pourquoi?

HEINRICH

Des paysans te cherchent pour te tuer. Il a fallu que je coure pour les devancer.

GŒTZ

Me tuer, foutre! C'est me faire bien de l'honneur : je me croyais parfaitement oublié. Et pourquoi veulent-ils me tuer?

HEINRICH

Jeudi dernier, dans la plaine de Gunsbach, les barons ont taillé en pièces l'armée de Nasty. Vingt-cinq mille morts; c'est la déroute. D'ici deux ou trois mois la révolte sera écrasée.

GŒTZ, *violemment.*

Vingt-cinq mille morts! Il ne fallait pas la livrer, cette bataille. Les imbéciles! Ils auraient dû... *(Il se calme.)* Au diable. Nous sommes nés pour mourir. *(Un temps.)* On me met tout sur le dos, naturellement?

HEINRICH

Ils disent que tu aurais évité la tuerie si tu avais pris la tête des troupes. Sois content, tu es l'homme le plus détesté d'Allemagne.

GŒTZ

Et Nasty? Il est en fuite? Prisonnier? Mort?

HEINRICH

Devine.

GŒTZ

Va te faire foutre.

Il se plonge dans ses pensées.

HILDA

Savent-ils qu'il est ici?

HEINRICH

Oui.

HILDA

Qui le leur a dit? Toi?

HEINRICH, *désignant le Diable.*

Moi, non : lui.

HILDA, *doucement.*

Gœtz! *(Elle lui touche le bras.)* Gœtz!

GŒTZ, *sursautant.*

Hein! Quoi?

HILDA

Tu ne peux pas rester ici.

GŒTZ

Et pourquoi? Il faut payer, non?

HILDA

Tu n'as pas à payer : tu n'es pas coupable.

GŒTZ

Mêle-toi de ce qui te regarde.

HILDA

Cela me regarde. Gœtz, il faut partir.

GŒTZ

Partir où?

HILDA

N'importe où, pourvu que tu sois à l'abri. Tu n'as pas le droit de te faire tuer.

GŒTZ

Non.

HILDA

Ce serait tricher.

GŒTZ

Ah oui : tricher... Eh bien quoi? N'ai-je pas triché toute ma vie? *(A Heinrich.)* Toi, commence ton réquisitoire : c'est le moment, je suis à point.

HEINRICH, *désignant Hilda.*

Dis-lui de s'en aller.

HILDA

Tu n'as qu'à parler devant moi, je ne le quitterai pas.

GŒTZ

Il a raison, Hilda : ce procès doit se juger à huis clos.

HILDA

Quel procès?

GŒTZ

Le mien.

HILDA

Pourquoi te laisses-tu faire ce procès? Chasse ce prêtre et quittons le village.

GŒTZ

Hilda, j'ai besoin qu'on me juge. Tous les jours, à toutes les heures, je me condamne, mais je n'arrive pas à me convaincre parce que je me connais trop pour me faire confiance. Je ne vois plus mon âme parce que j'ai le nez dessus : il faut que quelqu'un me prête ses yeux.

HILDA

Prends les miens.

GŒTZ

Tu ne me vois pas non plus : tu m'aimes, Heinrich me déteste, donc il peut me convaincre : quand mes pensées sortiront de sa bouche, j'y croirai.

HILDA

Si je m'en vais, me promets-tu de fuir avec moi tout à l'heure?

GŒTZ

Oui, si je gagne mon procès.

HILDA

Tu sais bien que tu as décidé de le perdre. Adieu, Gœtz.

Elle va vers lui, l'embrasse et sort.

SCÈNE IV

GŒTZ, HEINRICH.

GŒTZ, *jette le bouquet.*

Vite, à l'ouvrage! Fais-moi tout le mal que tu peux.

HEINRICH, *le regardant.*

Ce n'était pas ainsi que je t'imaginais.

GŒTZ

Courage, Heinrich, la tâche est facile. La moitié de moi-même est ta complice contre l'autre moitié. Va, fouille-moi jusqu'à l'être puisque c'est mon être qui est en cause.

HEINRICH

C'est donc vrai que tu veux perdre?

GŒTZ

Mais non, n'aie pas peur. Seulement je préfère le désespoir à l'incertitude.

HEINRICH

Eh bien... *(Un temps.)* Attends : c'est un trou de mémoire. Je suis sujet à ces absences; ça va me revenir. *(Il marche avec agitation.)* J'avais pourtant bien pris mes précautions; ce matin j'ai tout repassé dans ma tête... C'est ta faute : tu n'es pas comme tu devrais être. Il fallait que tu sois couronné de roses avec des yeux triomphants, j'aurais bousculé ta couronne et saccagé ton triomphe; à la fin, tu serais tombé sur les genoux... Où est ta superbe? Où est ton insolence? Tu es à demi mort, quel plaisir veux-tu que je prenne à t'achever? *(Avec rage.)* Ah! Je ne suis pas encore assez méchant!

GŒTZ, *riant.*

Tu te crispes, Heinrich, détends-toi, prends ton temps.

HEINRICH

Il n'y a pas une minute à perdre. Je te dis qu'ils sont sur mes talons. *(Au Diable.)* Souffle-moi, souffle-moi : aide-moi à le haïr de près. *(Plaintivement.)* Il n'est jamais là quand on a besoin de lui.

GŒTZ

Moi, je vais te souffler. *(Un temps.)* Les terres.

HEINRICH

Les terres?

GŒTZ

Ai-je eu tort de les donner?

HEINRICH

Ah! les terres... Mais tu ne les as pas données :
on ne peut donner que ce qu'on a.

GŒTZ

Bien dit! La possession est une amitié entre
l'homme et les choses; mais dans ma main à moi les
choses hurlaient. Je n'ai rien donné. J'ai lu publiquement un acte de donation, c'est tout. Cependant,
curé, s'il est vrai que je n'ai pas donné mes terres,
il est vrai aussi que les paysans les ont reçues. Que
répondre à cela?

HEINRICH

Ils ne les ont pas reçues puisqu'ils ne peuvent pas
les garder. Quand les barons auront envahi le domaine
et installé un petit cousin de Conrad dans le château
des Heidenstamm, que restera-t-il de cette fantas-
magorie?

GŒTZ

A la bonne heure. Ni données, ni reçues : c'est
plus simple. Les pistoles du Diable se changeaient
en feuilles mortes quand on voulait les dépenser; mes
bienfaits leur ressemblent : quand on y touche, ils
se changent en cadavres. Mais l'intention, tout de
même? Hein? Si j'avais eu vraiment l'intention de
bien faire, ni Dieu ni le Diable ne pourraient me
l'ôter. Attaque l'intention. Ronge-la.

HEINRICH

Ce sera sans peine; comme tu ne pouvais jouir de
ces biens, tu as voulu t'élever au-dessus d'eux en feignant de t'en dépouiller.

GŒTZ

O voix d'airain, publie, publie ma pensée : je ne
sais plus si je t'écoute ou si c'est moi qui parle.
Ainsi donc tout n'était que mensonge et comédie?
Je n'ai pas agi : j'ai fait des gestes. Ah, curé, tu me
grattes où ça me démange. Après? Après? Qu'a-t-il
fait, le cabotin? Eh bien, tu t'essouffles vite.

HEINRICH, *gagné par la frénésie de Gœtz.*

Tu as donné pour détruire.

GŒTZ

Tu y es! Il ne me suffisait pas d'avoir assassiné
l'héritier...

HEINRICH, *même jeu.*

Tu as voulu pulvériser l'héritage.

GŒTZ

J'ai levé à bout de bras le vieux domaine de
Heidenstamm...

HEINRICH, *même jeu.*

Et tu l'as jeté contre le sol pour le réduire en
miettes.

GŒTZ

J'ai voulu que ma bonté soit plus dévastatrice que
mes vices.

HEINRICH

Et tu y as réussi : vingt-cinq mille cadavres! En
un jour de vertu tu as fait plus de morts qu'en trente-
cinq années de malice.

GŒTZ

Ajoute que ces morts sont des pauvres : ceux mêmes
à qui j'ai feint d'offrir les biens de Conrad!

HEINRICH

Dame! tu les as toujours détestés.

GŒTZ, *levant le poing.*

Chien! *(Il s'arrête et se met à rire.)* J'ai voulu te frapper; c'est signe que tu es dans le vrai! Ha! ha! Voilà donc où le bât me blesse. Insiste! Accuse-moi de détester les pauvres et d'avoir exploité leur gratitude pour les asservir. Autrefois je violais les âmes par la torture, à présent je les viole par le Bien. J'ai fait de ce village un bouquet d'âmes fanées. Pauvres gens, ils me singeaient et moi je singeais la vertu : ils sont morts en martyrs inutiles, sans savoir pourquoi. Écoute, curé; j'avais trahi tout le monde et mon frère, mais mon appétit de trahison n'était pas assouvi : alors, une nuit, sous les remparts de Worms, j'ai inventé de trahir le Mal, c'est toute l'histoire. Seulement le Mal ne se laisse pas si facilement trahir : ce n'est pas le Bien qui est sorti du cornet à dés : c'est un Mal pire. Qu'importe d'ailleurs : monstre ou saint, je m'en foutais, je voulais être inhumain. Dis, Heinrich, dis que j'étais fou de honte et que j'ai voulu étonner le Ciel pour échapper au mépris des hommes. Allons. Qu'attends-tu? Parle! Ah, c'est vrai, tu ne veux pas parler : c'est ta voix que j'ai dans ma bouche. *(Imitant Heinrich.)* Tu n'as pas changé de peau, Gœtz, tu as changé de langage. Tu as nommé amour ta haine des hommes et générosité ta rage de destruction. Mais tu es resté pareil à toi-même; pareil : rien d'autre qu'un bâtard. *(Reprenant sa voix naturelle.)* Mon Dieu, je témoigne qu'il dit vrai, l'accusé, je me reconnais coupable. J'ai perdu mon procès, Heinrich. Es-tu content?

Il chancelle et s'appuie contre le mur.

HEINRICH

Non.

GŒTZ

Tu es difficile.

HEINRICH

O mon Dieu, est-ce là ma victoire? Comme elle est triste.

GŒTZ

Que feras-tu quand je serai mort? Je vais te manquer.

HEINRICH, *désignant le Diable.*

Celui-ci me donnera fort à faire. Je n'aurai pas le temps de penser à toi.

GŒTZ

Tu es sûr qu'ils veulent me tuer, au moins?

HEINRICH

Sûr.

GŒTZ

Les braves gens. Je leur tendrai le cou et tout finira : bon débarras pour tout le monde.

HEINRICH

Rien ne finit jamais.

GŒTZ

Rien? Ah oui, il y a l'Enfer. Eh bien, ça me changera.

HEINRICH

Ça ne te changera pas : tu y es. Le compère m'a appris *(désignant le Diable)* que la terre est apparence : il y a le Ciel et l'Enfer, c'est tout. La mort, c'est un attrape-nigaud pour les familles; pour le défunt, tout continue.

GŒTZ

Tout va continuer pour moi?

HEINRICH

Tout. Tu jouiras de toi pendant l'Éternité.

Un temps.

GŒTZ

Comme il semblait proche, le Bien, quand j'étais malfaisant. Il n'y avait qu'à tendre les bras. Je les ai tendus et il s'est changé en courant d'air. C'est donc un mirage? Heinrich, Heinrich, le Bien est-il possible?

HEINRICH

Joyeux anniversaire. Il y a un an et un jour, tu m'as posé la même question. Et j'ai répondu : non. C'était la nuit, tu riais en me regardant, tu disais : « Tu es fait comme un rat. » Et puis, tu t'es tiré d'affaire avec un coup de dés. Eh bien, vois : c'est la nuit, une nuit toute pareille et qui est-ce qui est dans la ratière?

GŒTZ, *bouffonnant.*

C'est moi.

HEINRICH

T'en tireras-tu?

GŒTZ, *cessant de bouffonner.*

Non. Je ne m'en tirerai pas. *(Il marche.)* Seigneur, si vous nous refusez les moyens de bien faire, pourquoi nous en avez-vous donné l'âpre désir? Si vous n'avez pas permis que je devienne bon, d'où vient que vous m'ayez ôté l'envie d'être méchant? *(Il marche.)* Curieux tout de même qu'il n'y ait pas d'issue.

HEINRICH

Pourquoi fais-tu semblant de lui parler? Tu sais bien qu'il ne répondra pas.

GŒTZ

Et pourquoi ce silence? Lui qui s'est fait voir à l'ânesse du prophète, pourquoi refuse-t-il de se montrer à moi?

HEINRICH

Parce que tu ne comptes pas. Torture les faibles ou martyrise-toi, baise les lèvres d'une courtisane ou celles d'un lépreux, meurs de privations ou de voluptés : Dieu s'en fout.

GŒTZ

Qui compte alors?

HEINRICH

Personne. L'homme est néant. Ne fais pas l'étonné : tu l'as toujours su; tu le savais quand tu as lancé les dés. Sinon, pourquoi aurais-tu triché? *(Gœtz veut parler.)* Tu as triché, Catherine t'a vu : tu as forcé ta voix pour couvrir le silence de Dieu. Les ordres que tu prétends recevoir, c'est toi qui te les envoies.

GŒTZ, *réfléchissant.*

Moi, oui.

HEINRICH, *étonné.*

Eh bien, oui. Toi-même.

GŒTZ, *même jeu.*

Moi seul.

HEINRICH

Oui, te dis-je, oui.

GŒTZ, *relevant la tête.*

Moi seul, curé, tu as raison. Moi seul. Je suppliais, je quémandais un signe, j'envoyais au Ciel des messages : pas de réponse. Le Ciel ignore jusqu'à mon nom. Je me demandais à chaque minute ce que je pouvais *être* aux yeux de Dieu. A présent je connais

la réponse : rien. Dieu ne me voit pas, Dieu ne
m'entend pas, Dieu ne me connaît pas. Tu vois ce
vide au-dessus de nos têtes? C'est Dieu. Tu vois
cette brèche dans la porte? C'est Dieu. Tu vois ce
trou dans la terre? C'est Dieu encore. Le silence,
c'est Dieu. L'absence, c'est Dieu. Dieu, c'est la solitude des hommes. Il n'y avait que moi : j'ai décidé
seul du Mal; seul, j'ai inventé le Bien. C'est moi qui
ai triché, moi qui ai fait des miracles, c'est moi qui
m'accuse aujourd'hui, moi seul qui peux m'absoudre;
moi, l'homme. Si Dieu existe, l'homme est néant;
si l'homme existe... Où cours-tu?

HEINRICH

Je m'en vais; je n'ai plus rien à faire avec toi.

GŒTZ

Attends, curé : je vais te faire rire.

HEINRICH

Tais-toi!

GŒTZ

Mais tu ne sais pas encore ce que je vais te dire.
(Il le regarde et brusquement.) Tu le sais!

HEINRICH, *criant.*

Ce n'est pas vrai! Je ne sais rien, je ne veux rien
savoir.

GŒTZ

Heinrich, je vais te faire connaître une espièglerie
considérable : Dieu n'existe pas. *(Heinrich se jette
sur lui et le frappe. Gœtz, sous les coups, rit et crie.)*
Il n'existe pas. Joie, pleurs de joie! Alleluia. Fou!
Ne frappe pas : je nous délivre. Plus de Ciel, plus
d'Enfer, rien que la Terre.

HEINRICH

Ah! Qu'il me damne cent fois, mille fois, pourvu

qu'il existe. Gœtz, les hommes nous ont appelés traîtres et bâtards; et ils nous ont condamnés. Si Dieu n'existe pas, plus moyen d'échapper aux hommes. Mon Dieu, cet homme a blasphémé, je crois en vous, je crois! Notre Père qui êtes aux Cieux, j'aime mieux être jugé par un être infini que par mes égaux.

GŒTZ

A qui parles-tu? Tu viens de dire qu'il était sourd. *(Heinrich le regarde en silence.)* Plus moyen d'échapper aux hommes. Adieu les monstres, adieu les saints. Adieu l'orgueil. Il n'y a que des hommes.

HEINRICH

Des hommes qui ne veulent pas de toi, bâtard.

GŒTZ

Bah! Je m'arrangerai. *(Un temps.)* Heinrich, je n'ai pas perdu mon procès : il n'a pas eu lieu faute de juge. *(Un temps.)* Je recommence tout.

HEINRICH, *sursautant.*

Tu recommences quoi?

GŒTZ

La vie.

HEINRICH

Ce serait trop commode. *(Il se jette sur lui.)* Tu ne recommenceras pas. Fini : c'est aujourd'hui qu'il faut tirer le trait.

GŒTZ

Laisse-moi, Heinrich, laisse-moi. Tout est changé, je veux vivre.

Il se débat.

HEINRICH, *l'étranglant.*

Où est ta force, Gœtz, où est ta force? Quelle

chance que tu veuilles vivre : tu crèveras dans le désespoir! *(Gœtz, affaibli, tente vainement de le repousser.)* Que toute ta part d'Enfer tienne en cette dernière seconde.

GŒTZ

Lâche-moi. *(Il se débat.)* Parbleu, si l'un de nous doit mourir, autant que ce soit toi!

Il le frappe avec un couteau.

HEINRICH

Ha! *(Un temps.)* Je ne veux pas cesser de haïr, je ne veux pas cesser de souffrir. *(Il tombe.)* Il n'y aura rien, rien, rien. Et toi, demain, tu verras le jour.

Il meurt.

GŒTZ

Tu es mort et le monde reste aussi plein : tu ne manqueras à personne. *(Il prend les fleurs et les jette sur le cadavre.)* La comédie du Bien s'est terminée par un assassinat; tant mieux, je ne pourrai plus revenir en arrière. *(Il appelle.)* Hilda! Hilda!

H. ne peut pas supporter rester seul dans la damnation, Goetz est son égal, un bâtard! maintenant que g. a trouvé se propre voie, il se sépare de lui, c'est pourquoi il essaye de le tuer

SCÈNE V

HILDA, GŒTZ.

La nuit est tombée.

GŒTZ

Dieu est mort.

HILDA

Mort ou vivant, que m'importe! Il y a longtemps que je ne me souciais plus de lui. Où est Heinrich?

GŒTZ

Il s'en est allé.

HILDA

As-tu gagné ton procès?

GŒTZ

Il n'y a pas eu de procès : je te dis que Dieu est mort. *(Il la prend dans ses bras.)* Nous n'avons plus de témoin, je suis seul à voir tes cheveux et ton front. Comme tu es *vraie* depuis qu'il n'est plus. Regarde-moi, ne cesse pas un instant de me regarder : le monde est devenu aveugle; si tu détournais la tête, j'aurais peur de m'anéantir. *(Il rit.)* Enfin seuls!

Lumières. Des torches se rapprochent.

HILDA

Les voilà. Viens.

GŒTZ

Je veux les attendre.

HILDA

Ils vont te tuer.

GŒTZ

Bah! Qui sait? *(Un temps.)* Restons : j'ai besoin de voir des hommes.

Les torches se rapprochent.

ONZIÈME TABLEAU

Le camp des paysans.

SCÈNE I

KARL, LA SORCIÈRE, LES DEUX PAYSANS,
puis NASTY.

La sorcière frotte les paysans avec une main de bois.

NASTY, *entrant.*

Qu'est-ce que tu fais?

LA SORCIÈRE

Ceux que je frotte avec cette main de bois
deviennent invulnérables : ils donnent des coups
et n'en reçoivent point.

NASTY

Jette cette main! *(Il marche sur elle.)* Allons!
jette-la. *(La sorcière se réfugie derrière Karl.)* Karl!
Tu es dans le coup?

KARL

Oui. Laisse-la faire.

NASTY

Tant que je commanderai, les chefs ne mentiront pas à leurs troupes.

KARL

Alors les troupes crèveront avec leurs chefs.

NASTY, *aux paysans.*

Foutez-moi le camp.

> *Ils sortent. Un temps. Karl vient vers Nasty.*

KARL

Tu hésites, Nasty, tu rêves et, pendant ce temps, les désertions se multiplient! L'armée perd ses soldats comme un blessé perd son sang. Il faut arrêter l'hémorragie. Et nous n'avons plus le droit d'être délicats sur les moyens.

NASTY

Que veux-tu faire?

KARL

Donner l'ordre à tous de se laisser frotter par cette belle enfant. S'ils se croient invulnérables, ils resteront.

NASTY

J'en avais fait des hommes, tu les changes en bêtes.

KARL

Mieux vaut des bêtes qui se font tuer sur place que des hommes qui foutent le camp.

NASTY

Prophète d'erreur et d'abomination!

KARL

Eh bien, oui, je suis un faux prophète. Et toi, qu'est-ce que tu es?

NASTY

Moi, je ne voulais pas cette guerre...

KARL

Ça se peut, mais puisque tu n'as pas su l'empêcher,
c'est que Dieu n'était pas avec toi.

NASTY

Je ne suis pas un faux prophète, mais un homme
que le Seigneur a trompé. Fais ce que tu voudras.
(Karl sort avec la sorcière.) Oui, mon Dieu, vous
m'avez trompé, car vous m'avez laissé croire que
j'étais votre élu; mais comment vous reprocherais-je
de mentir à vos créatures et comment douterais-je
de votre amour, moi qui aime mes frères comme je
les aime et qui leur mens comme je leur mens?

SCÈNE II

NASTY, GŒTZ, HILDA, TROIS PAYSANS *armés.*

NASTY, *sans surprise.*

Vous voilà donc!

UN PAYSAN, *désignant Gœtz.*

Nous le cherchions pour l'égorger un petit peu.
Mais ce n'est plus le même homme : il reconnaît ses
fautes et dit qu'il veut se battre dans nos rangs.
Alors voilà : nous te l'amenons.

NASTY

Laissez-nous. *(Ils sortent.)* Tu veux te battre dans
nos rangs?

GŒTZ

Oui.

NASTY

Pourquoi?

GŒTZ

J'ai besoin de vous. *(Un temps.)* Je veux être un homme parmi les hommes.

NASTY

Rien que ça?

GŒTZ

Je sais : c'est le plus difficile. C'est pour cela que je dois commencer par le commencement.

NASTY

Quel est le commencement?

GŒTZ

Le crime. Les hommes d'aujourd'hui naissent criminels, il faut que je revendique ma part de leurs crimes si je veux ma part de leur amour et de leurs vertus. Je voulais l'amour pur : niaiserie; s'aimer, c'est haïr le même ennemi : j'épouserai donc votre haine. Je voulais le Bien : sottise; sur cette terre et dans ce temps, le Bien et le Mauvais sont inséparables : j'accepte d'être mauvais pour devenir bon.

NASTY, *le regardant.*

Tu as changé.

GŒTZ

Drôlement! J'ai perdu quelqu'un qui m'était cher.

NASTY

Qui?

GŒTZ

Quelqu'un que tu ne connais pas. *(Un temps.)* Je demande à servir sous tes ordres comme simple soldat.

NASTY

Je refuse.

GŒTZ

Nasty!

NASTY

Que veux-tu que je fasse *d'un* soldat quand j'en perds cinquante par jour?

GŒTZ

Quand je suis venu à vous, fier comme un riche, vous m'avez repoussé et c'était justice, car je prétendais que vous aviez besoin de moi. Mais je vous dis aujourd'hui que j'ai besoin de vous et si vous me repoussez vous serez injustes, car il est injuste de chasser les mendiants.

NASTY

Je ne te repousse pas. *(Un temps.)* Depuis un an et un jour, ta place t'attend; prends-la. Tu commanderas l'armée.

GŒTZ

Non! *(Un temps.)* Je ne suis pas né pour commander. Je veux obéir.

NASTY

Parfait! Eh bien, je te donne l'ordre de te mettre à notre tête. Obéis.

GŒTZ

Nasty, je suis résigné à tuer, je me ferai tuer s'il le faut; mais je n'enverrai personne à la mort : à présent, je sais ce que c'est que de mourir. Il n'y a rien, Nasty, rien : nous n'avons que notre vie.

HILDA, *lui imposant silence.*

Gœtz! Tais-toi!

GŒTZ, *à Hilda.*

Oui. *(A Nasty.)* Les chefs sont seuls : moi, je
veux des hommes partout : autour de moi, au-dessus
de moi et qu'ils me cachent le ciel. Nasty, permets-
moi d'être n'importe qui.

NASTY

Mais tu es n'importe qui. Crois-tu qu'un chef vaille
plus qu'un autre? Si tu ne veux pas commander,
va-t'en.

HILDA, *à Gœtz.*

Accepte.

GŒTZ

Non. Trente-six ans de solitude, ça me suffit.

HILDA

Je serai avec toi.

GŒTZ

Toi, c'est moi. Nous serons seuls ensemble.

HILDA, *à mi-voix.*

Si tu es soldat parmi les soldats, leur diras-tu que
Dieu est mort?

GŒTZ

Non.

HILDA

Tu vois bien.

GŒTZ

Qu'est-ce que je vois?

HILDA

Tu ne seras jamais pareil à eux. Ni meilleur ni
pire : autre. Et si vous tombez d'accord, ce sera par
malentendu.

GŒTZ

J'ai tué Dieu parce qu'il me séparait des hommes et voici que sa mort m'isole encore plus sûrement. Je ne souffrirai pas que ce grand cadavre empoisonne mes amitiés humaines : je lâcherai le paquet, s'il le faut.

HILDA

As-tu le droit de leur ôter leur courage?

GŒTZ

Je le ferai peu à peu. Au bout d'un an de patience...

HILDA, *riant.*

Dans un an, voyons, nous serons tous morts.

GŒTZ

Si Dieu n'est pas, pourquoi suis-je seul, moi qui voudrais vivre avec tous?

Entrent des paysans poussant la sorcière devant eux.

LA SORCIÈRE

Je vous jure que cela ne fait pas de mal. Si cette main vous frotte, vous serez invulnérables.

PAYSANS

Nous te croirons si Nasty se laisse frotter.

La sorcière s'approche de Nasty.

NASTY

Va-t'en au diable!

LA SORCIÈRE, *à mi-voix.*

De la part de Karl : laisse-moi faire ou tout est foutu.

NASTY, *à haute voix.*

C'est bon. Fais vite.

Elle le frotte. Les paysans applaudissent.

UN PAYSAN

Frotte aussi le moine.

GŒTZ

Mordieu!

HILDA, *doucement.*

Gœtz!

GŒTZ

Frotte, la belle enfant, frotte bien fort.

Elle frotte.

NASTY, *violemment.*

Allez-vous-en!

Ils s'en vont.

GŒTZ

Nasty, tu en es venu là?

NASTY

Oui.

GŒTZ

Tu les méprises donc?

NASTY

Je ne méprise que moi. *(Un temps.)* Connais-tu
plus singulière bouffonnerie : moi, qui hais le mensonge, je mens à mes frères pour leur donner le courage de se faire tuer dans une guerre que je hais.

GŒTZ

Parbleu, Hilda, cet homme est aussi seul que moi.

NASTY

Bien plus. Toi, tu l'as toujours été. Moi, j'étais

cent mille et je ne suis plus que moi. Gœtz, je ne connaissais ni la solitude ni la défaite ni l'angoisse et je suis sans recours contre elles.

Entre un soldat.

LE SOLDAT

Les chefs veulent te parler.

NASTY

Qu'ils entrent. *(A Gœtz.)* Ils vont me dire que la confiance est morte et qu'ils n'ont plus d'autorité.

GŒTZ, *d'une voix forte.*

Non. *(Nasty le regarde.)* La souffrance, l'angoisse, les remords, bon pour moi. Mais toi, si tu souffres, la dernière chandelle s'éteint : c'est la nuit. Je prends le commandement de l'armée.

Entrent les chefs et Karl.

UN CHEF

Nasty, il faut savoir finir une guerre. Mes hommes...

NASTY

Tu parleras quand je te donnerai la parole. *(Un temps.)* Je vous annonce une nouvelle qui vaut une victoire : nous avons un général et c'est le plus fameux capitaine de l'Allemagne.

UN CHEF

Ce moine?

GŒTZ

Tout sauf moine!

Il rejette sa robe et paraît en soldat.

LES CHEFS

Gœtz !

KARL

Gœtz! Parbleu...

UN CHEF

Gœtz! Ça change tout!

UN CHEF

Qu'est-ce que ça change, hein? Qu'est-ce que ça change? C'est un traître. Vous verrez s'il ne vous fait pas tomber dans un guet-apens mémorable.

GŒTZ

Approche! Nasty m'a nommé chef et capitaine. M'obéiras-tu?

UN CHEF

Je crèverais plutôt.

GŒTZ

Crève donc, mon frère! *(Il le poignarde.)* Quant à vous, écoutez! je prends le commandement à contre-cœur; mais je ne le lâcherai pas. Croyez-moi, s'il y a une chance de gagner cette guerre, je la gagnerai. Proclamez sur l'heure qu'on pendra tout soldat qui tentera de déserter. Je veux pour ce soir un état complet des troupes, des armées et des vivres; vous répondez de tout sur votre tête. Nous serons sûrs de la victoire quand vos hommes auront plus peur de moi que de l'ennemi. *(Ils veulent parler.)* Non, pas un mot, allez. Demain vous saurez mes projets. *(Ils sortent. Gœtz pousse du pied le cadavre.)* Voilà le règne de l'homme qui commence. Beau début. Allons, Nasty, je serai bourreau et boucher.

> *Il a une brève défaillance.*

NASTY, *lui mettant la main sur l'épaule.*

Gœtz...

GŒTZ

N'aie pas peur, je ne flancherai pas. Je leur ferai

horreur puisque je n'ai pas d'autre manière de les aimer, je leur donnerai des ordres, puisque je n'ai pas d'autre manière d'obéir, je resterai seul avec ce ciel vide au-dessus de ma tête, puisque je n'ai pas d'autre manière d'être avec tous. Il y a cette guerre à faire et je la ferai.

on retrouve la signif. de l'athéisme de Sartre,
souci pratique :
fondre le règne humain . Il faut préciser le

RIDEAU

rapport // des souci pratiques et l'amour des
hommes qui est l'un des souci de cette pièce

DU MÊME AUTEUR

LES TROYENNES, adapté d'Euripide, *théâtre*.

L'IDIOT DE LA FAMILLE I, II, III *(Gustave Flaubert de 1821 à 1857), essai*.

PLAIDOYER POUR LES INTELLECTUELS, *essai*.

UN THÉÂTRE DE SITUATIONS, *essai*.

CRITIQUES LITTÉRAIRES

SARTRE, *texte intégral du film réalisé par Alexandre Astruc et Michel Contat*.

ŒUVRES ROMANESQUES

ENTRETIENS SUR LA POLITIQUE, *en collaboration avec Gérard Rosenthal et David Rousset*.

ON A RAISON DE SE RÉVOLTER, *essai, en collaboration avec Philippe Gavi et Pierre Victor*.

L'AFFAIRE HENRI MARTIN, *textes commentés par J.-P. Sartre*.